鹿砦社 LIBRARY 008

大暗黒時代の大学

消える大学自治と学問の自由

田所敏夫 著

鹿砦社

はじめに

「大学」を分析し論じる書籍はたくさん本屋さんに並んでいます。「大学」を選ぶための参考情報としてだけではなく、「大学」または「大学」を取り巻く状況に興味を持っている方は少なくないようです。筆者は会社勤務の後、中途採用で某私立大学の職員に採用され20年弱勤務した者です。この本は「どの大学に行ったら得をするか？　どの大学が就職に有利か？」については、ほとんど言及していません。でも「大学」の内実を理解していただくための、あまり知られていない材料を提供しようと考えました。

本書で皆さんにご紹介する大学の「現状」と「内実」が大学選択の参考にならないか、といえばそうではないだろうと思います。世にあふれる「大学」ランクづけによる評価や、就職に有利かどうか、といった指標ではなく、大学職員として勤務した経験から「大学」

とはどんな場所であるのか？　どんな場所であるべきなのか？　どんなことをしている大学は破滅が必定なのか？　を論じるのが本書です。筆者が実際に体験し、見聞きしたことから「大学」について論じています。ご紹介する内容に、多くの読者は驚かれるのではないかと思います。また「こいつふざけやがって」とお感じになる方もいるかもしれません。

今日、職業準備のための予備校のごとく扱われている「大学」のありように筆者は根本的な疑問を投げかけます。これから「大学」に進まれる方、もう「大学」は卒業したけれども「大学」が気になる方、ご自身は「大学」には関係なくても、お子様の進学などで「大学」に関心のある方、そして「大学」の中に身を置いておられる方に筆者の経験と考えが何かしらの参考になれば幸いです。

では、あなたの知らない「大学」へご招待しましょう。

はじめに　7

第1章　大学職員というお仕事　7

一見地味。でも刑事ドラマより面白い　8
デモに参加する学生を見張る公安　16
大学の現場は非正規職員だらけ　24
正規職員だからできた卒論「遅刻」学生救済法　35
学園祭と大学職員　38
学園祭に見る学生の底力　46
入試試験当日の大学職員　50

第2章　時代に翻弄される大学の諸相　57

「Beyond Borders」！立命館大学　58
「大学の自治」を放棄した同志社大学―大麻所持者逮捕の不可解　69
同志社大学の「良心」は「安保法案」を許すのか？　75
同志社大学理事会に反省なし！　82
村田晃嗣「学長選挙落選」直後の「大学職員逮捕」　86
京都大学学生が公安警察を取り押さえた！　88

国家こそが究極の過激組織　93
京都大学に「報復」する警察　98
京都大学も学生を弾圧するようになった　103

第3章　弱る大学にたかる商人たち　109

学生募集にたかる大学ゴロ　110
リクルートの暗躍　116
国立「人文社会科学系学部」ではなく、まず文科省を廃止せよ！　121
奨学金地獄と高過ぎる学費――教育貧困国家・日本　127
国立大学「独立法人化」で国からの干渉が強化された　132
「教育無償化で改憲」は寝言――大学を80年代の環境に戻せばよし　136
ロースクールの破綻と裁判員制度　143

第4章　いま一度「大学の価値」を考えてみよう　149

大学生は「大人」なのだから　150
大学の「自由」「自治」とは　152
あとがき

第1章

大学職員というお仕事

一見地味。でも刑事ドラマより面白い

　一般的に大学職員と言えば、市役所の窓口職員など、いわゆる官吏的な定型業務が中心で、お堅い保守的な仕事をイメージされる方が多いのではないだろうか。国公立大学の職員はそのような側面が強いことは確かであるし、私学でも大規模大学の職員は、業務が細分化されているのでその印象もあながち外れてはない。

　何を隠そう私自身、大学職員に転職した本当の動機は「会社より楽そうだから」が本音だった。ところが、学生と密に接触をする学風の小規模大学の場合、事情はかなり異なる（もっとも私が勤務していた大学は相当「ユニーク」だと評判であったことを着任後知ることになったので、以下ご紹介する体験は「例外的なもの」とお考えいただくのが妥当かもしれない）。

　大学の事務室で仕事をしていると、実に多彩な人々から電話がかかってくる。また普通はお目にかからない職種の方が訪ねてくる。

オウム真理教と出会ってしまった

1993年頃、私の事務机の電話が鳴った。かけてきた主は「留学生をイベントに招待したいのだけれども、大学にポスターを貼らせてくれないか」という。ケースによってはありがたい話である可能性もあるから一応「どのような団体の方ですか」と問うと、「オウム真理教と申します」と（！）。

当時はまだオウム真理教が発展期で麻原彰晃が北野武とテレビで語らったり、特段危険団体とは認識されておらず、宗教学者の中沢新一もオウム真理教を賞賛するエッセーを書いたりしていた時代であった。が、「空中浮揚」（あぐらをかいたまま床から浮き上がる）などというオカルト振りをすでに発揮していたこともあり、私は丁重にお断りをした。

電話の主は「またよろしくお願いします」と礼儀正しく会話を終了したのだが、会話の際に私が名前を名乗ったためであろうか、後日15キロはあろうかと思われる段ボールが私宛に送られて来た。中にはオウム真理教の教義をマンガにした本や信者の修行の様子を収めた写真集、極めつけは麻原彰晃の「空中浮揚」の写真集まで多彩な書籍が詰め込まれていた。

麻原彰晃「空中浮揚」写真集（もちろん、写真集の名前はもっと意味ありげだったと思うが、覚えていない）では、これでもか、これでもかと長い髪の毛を振り乱しながら力任せにとしか思えない「飛び上がり」を撮影した写真だけで構成されていて、「空中浮揚」が「空中への飛び上がり」であることをわかりやすく見て取ることができた。

麻原彰晃には失礼だが、どう見ても力任せに「ぴょん」と瞬間的に飛び上がっている写真の羅列に「これ、絶対図書館に入れとこな。歴史的な資料になるで」と同僚と腹を抱えながら笑った。誰かに頼んで図書館に運んでもらったはずだが、果たして蔵書として残っているであろうか。

公安警察官とのつき合いもある

所轄の警察から電話がかかってくることも年に数回は必ずあった。学生の事故、落し物などは序の口で、窃盗、麻薬、密輸、偽造パスポート、果ては地下銀行から殺人まで。そういえば私の在任中、公安調査庁の訪問を受けたことも2回ほどあった。警察からの電話はもちろん訪問アポの取りつけで、こちらも学生が事故、事件に巻き込まれている以上、訪問を断るわけにはいかない。かくして私と所轄警察署のつき合いは年々増加してゆき、担当の公安警察官は御用聞きのように頻繁に現れるようになった。

私の勤務していた大学は当時「学生を罰しない」という不文律があり、たとえ刑事犯罪を犯してもなんとかして救済し更正させ、卒業まで面倒を見る、という過激とも言ってよいほどのヒューマニズムに徹していた。これといって明文化されたスローガンや理念があるわけではないが、それこそ空気として「何があっても学生は守る」のが学風であった。

なので、誤解をされると困るのだが、私が警察官、とりわけ公安警察と懇意な関係となったのはすべて学生の利益のためであり、そのためには警察へどうでもいい情報は提供する、その代りそれを超える情報をいただく。この原則は絶対に崩さなかった。

「田所さん、○○君という学生さんどんなもんでっしゃろか」と電話がかかってくる。

「Q＝仮名＝さん、ご用件は？」

「あ、クスリですわ」

「この学生は直接面識ないなー。調べますから2、3日は時間くださいな」

「はい、よろしゅう頼んます」という具合だ。

早速学生を呼び出して面談をする。何年か問題学生との面談をしていると、その学生がクロかシロかだいたいの感触はつかめるようになる。そのケースは明らかに学生がドラッグをやっていることが面談を始めて、すぐわかった。しかも単純所持ではなく、どうやら学内で売りさばきをしているらしい。学生名まで特定されて令状を持ってこられたらこちらの対応も難しくなる。

「警察が君の名前で連絡してきたんや。このままなら確実に逮捕や。しかも単純所持じゃないから、執行猶予は付かない。どないする?」と私は冷たく言い放つ。

「どうしたらええですか? 俺、自分では確かにやってるけど、人には売ってません」

「嘘つけ! こら! ここが大学やからて眠たいこと言うてたらお前、明日には輪っぱ(手錠)はまんねんぞ! ワシの言う通りにせなお前は逮捕されるんや! それだけちゃう。お前から買った学生も引っ張られる。ワシはそうはさせん! ごちゃごちゃ言い訳ぬかさんと持ってるクスリ今すぐ下宿に取りに帰れ! 1時間以内にワシに持ってこい。それから売った学生、名前全部書き出せ! ええか!」

「はい」

1時間ほどして学生は複数種類のドラッグを素直に持ってきた。

「よく言うことを聞いてくれたね。ありがとう。絶対これ以上持ってへんな？」

「はい、これで全部です」

目を見れば嘘ではないのがわかる。

「売った学生のリストは？」

「これです」

「こんなにようけおんのか…」

「…」

「今貯金いくらある？」

「え？」

「今自由になる金ナンボあんねん？」

「3万くらいです」

「ちょっと待ちや」

まず担当の警察官に電話をかける。

「〇〇の件です。今お母さんが入院してはって実家に帰ってますわ。1週間くらいで戻る言うてますから、帰ってきたら私が聞いときますわ」

「はいはい、ほな先生よろしゅうに」

このケースはたぶん「学生を挙げる（逮捕する）よ」というメッセージを親心で警察官が流してくれたのだろう。日頃つき合いがなければこう行きはしまい。私は手持ちの数万円を学生に手渡し、

「九州かどっか遠い場所に1週間行ってこい。毎日サウナに泊まって、サウナに入りまくれ。1週間したらこの番号（事務室の私の電話）に電話を必ずかけるように、後はその時指示するから」と返事も聞かずに言い放つ。

自白した学生は正直なもので、その足で私の指示通り九州に出向きサウナに泊まり、1週間後に電話をかけてきた。彼からの電話がかかる前に、私はクスリを買っていた学生をひとまとめに集めてそちらの処置はすませていた。

「君らが〇〇君からクスリを買ってやっていたことはわかっている。もう今後絶対やっ

たらあかんぞ。警察も動いてる。君らが約束を守ってくれたら大学は何があっても君らを守る。その代わり嘘をつかれたら大学は責任を持てない。これまでクスリをやったことある人、まだ未使用のクスリを持っている人、手を上げて」

学生たちは不安そうにお互い顔を見合わせて逡巡しているが、やがてぱらぱらと手が上がる。この連中は単純所持なので、私に持っているクスリをすぐに持参させ、私宛の念書を書かせる。

きれいな顔になって九州から学生が戻ってきた。再度強く注意し彼にも私宛の念書を書かせる。仕上げは警察への報告だ。

「きょう○○帰ってきましたので面談しました。シロですわ」

「そうでっか、お手数かけましたな先生」

「いえいえ、こちらこそお世話になりました」

といった具合だった。

デモに参加する学生を見張る公安

大学生が「学生運動」に大挙して参加した時代は遠い昔だが、私の勤務していた大学には社会問題を研究するサークルがあり、そのサークルの周辺には学外での社会運動に参加する学生が常時何名か在学していた。特定のセクトに所属するわけでもなく、さして目立った行動もしないが、世の中自身がおとなし過ぎるので、集会やデモに参加しただけで、公安警察は要注意学生としてマークするターゲットを視野に必ず入れていた。

私をよく訪れるようになっていた所轄の公安警察のQさんは、一見おとなしい田舎のオッチャン風で薄暗い雰囲気はどこにも漂わせていなかった。彼には私を訪問する際には必ず電話でアポを取ってから来ること、学内をうろつかず私の事務室にだけ来るようにと強く要請していた。当時私が公安警察と連絡を取っていることを知っている同僚はごくわずかであったし、大学敷地内に警察を入れる行為は「大学の自治」の原則に反する行為だったからだ。

公安警察恐るべし！

彼は訪問の際は必ず明確な目標を持ってやってくる。

「田所さん、来週東京で大きな集会があるんですわ。たぶんA君が参加すると見とるんですが、どうでしょう？」

「A君とは昨日も話しましたが、そんな話はしてませんでしたよ」

「ほぼ間違いないんですわ」

「でも、学生が集会に参加することは自由ですし大学としては止めることはできませんよ」

「いえいえ、そんなことまではお願いしません。で、A君が学割を申請してないかどうか調べてもらえませんでしょうか」

「ああ、それなら調べますけど、学割は私の部署では発行していないのでちょっと時間がかかりますよ」

「すんません、いつもお手を煩わせて」

「では、わかり次第電話します。ところでその集会はどんな内容の集会なんですか？」

「これがですね、過激派の△△派が裏で操ってる可能性が高いんですわ。作家の□□とか、歌手の○○も出よるんですけど、全国動員かけとるようなんですわ」

「そうなんですか。△△派ってまだあったんですか？」

「ええ、△△派は…」

とQさんから△△派について公安がどう見ているかのレクチャーが始まる。△△派については私なりに知識を持っていたのだが、あえて何も知らない素振りで質問するのがポイントだ。質問を重ねるとかなり踏み込んだ情報を語ってくれる。Qさんが帰ると私はすぐにA君に電話を入れて私のところに「来る」ように告げる。

「来週東京で集会あるんやて？」

「そうそう、××反対の全国集会が日比谷であるよ」

「行くの？」

「そのつもり。B君と一緒に」

「きょう公安来たわ。君が行くかどうか聞きに」

「で、なんて答えたの？」

「知らないから、知らんと言っといたがな」

「まあ、ええわ。とにかく下宿見張られてるから気いつけや、それからB君はまだ公安には割れてないようだから注意事項をちゃんと教えてやっとくんやで」

「はーい、わかりました。サンキュー」

といった具合で要注意ターゲットにされた学生には、公安の動向をすべて教えていた。犯罪行為の嫌疑があるなら別だが集会に参加するのは自由だし、不当に日常生活を見張られる学生がいれば、公安の情報を教えてやるのは私の義務ですらある、と考えていた（公安にバレたらこっぴどい仕返しをされたろうが、退職後もそのようなことは幸いにしてない）。

翌日Qさんに電話を入れる。

「昨日はご苦労様でした、A君の件ですけどね、学割は申請してないですね」

「え！　そうですか…おかしいなー。行くのは確実やと思うんですけどね」

「学割を申請してないことだけはわかりました。他に何かお手伝いできますか？」

「実は今朝になってわかったんですが、B君という学生さん、これも行きそうなんですわ」

「B君…顔と名前が一致しないなー。何回生ですか？」

「ふーん」

「1回生ですわ。これA君が誘っとるんです」

「B君の学割を調べろと…?」

「すんません、度々お願いできますやろか?」

「わかりました。夕方また電話します」

「公安警察恐るべし」、である。数日の間にA君がB君を誘ったことを察知しているわけだ。でも、実はからくりは簡単。A君の下宿電話は常に盗聴されているのだ。私がA君に電話で公安の話をせず、事務室に呼び出したのは盗聴されていることを知っていたからであり、B君に対して「注意事項を教えておくように」と言ったことの中身には下宿電話の盗聴のことも含まれている。

再びA君を事務室に呼んだ。たまたまB君も学内にいたから2人で来てもらった。

「B君のことをもう公安知っとったで」

「うっかりなんだ。Bが俺に電話をかけてきて、注意する前に集会の話を始めたから、それが原因じゃないかな」

「たぶんそうだろうよ、B君! 今の日本はな、君らみたいに学生が集会に行くだけで公安警察が電話を盗聴する国なんや（当時は「盗聴法」成立前であるから警察といえども盗聴は立派な犯罪行為だ）、だから何も法律違反していなくてもちょっとしたことで捕まるし、盗聴もされる。君の下宿の電話もきょうからは盗聴されていると覚悟しときや」

「そんなん法律違反やんか！」

「そうや、でもそれが現実だからしゃーない。その代わり私はできるだけ公安から情報を引っ張って君らに教える。公安には絶対肝心な情報は流さない。これまでもそうやってきたからＡ君はなんでもしゃべってくれるんや。まあ初体面で信用しろというほうが無理やけどな」

初体面のＢ君は釈然としない表情でＡ君に促されて事務室を出て行く。それはそうだろう。大学に入ってまだまもない学生が下宿の電話を盗聴される、さらにそれを大学の職員から聞かされる。一体何がどうなっているのか頭が混乱するのも無理もない。Ｑさんにはまたしても B 君の学割申請はなかったと伝える。

実際この時はＡ君もＢ君も学割の申請はしていなかった。公安警察は捜査において盗聴など手段を選ばない怖い組織であると同時に、学生の動向を学割の申請があるかないかで探ろうとするといった幼児性を併せ持つ不思議な団体だ。関西から東京への移動方法はJRに限ったことではなく、夜行バスもあれば、知人の車に同乗させてもらうことだってあるだろう。もちろんQさんが学割の申請状況を尋ねてきたのは、公安としてもひょっとして情報がつかめれば、程度の期待値だったのかもしれないが、その後彼が開陳してくれた△△派についての情報には所々に間違いがあった。

しかしこのように一方的に袖にしていてはQさんも点数が稼げない。私から公安への一番のプレゼントは学生が警察官採用試験を受験した時だ。数にすればそう多くの受験者がいるわけではないが、毎年何人かはおり、その都度Qさんが電話をかけてくる。

「またいつもの件ですねんけど、今度は島根県警ですねん。名前は◇◇君です。よろしゅうお願いいします」

「はい、わかりました。30分後に」

警察官採用試験の際、受験学生の身元は徹底的に洗われる。Qさんが当時私に示したチェック項目は、1．親の職業、2．所属クラブ、サークルなど学生生活の様子、3．親戚、身内に共産党員や社会党員（当時）がいないか（右派は許容、左派はダメ）などだった。1

は入学時に提出させる身上カードを見ればわかるし、２の在学中の行動はサークル、クラブなどに属していればつかめる。３はその学生と私がよほど親しいか、あるいは本人に聞かない限りわからないから、Qさんとしても「もしわかったら」という程度の要請だった。

ざっと調べてQさんに報告だ。

「調べましたよ。お父さんは自営業ですね。職種は販売関係です。サークルに入ってました。体育会系ですわ。『赤』の可能性の方はたぶんいないんじゃないかなー。保守的な田舎が実家ですからね」

「はい。ありがとうございます。助かりましたわ。またよろしゅうお願いします」

といった塩梅だ。私はQさんにおおよその情報は伝える。警察官志望の学生だから問題学生であることはまずないので嘘をつく必要もほとんどなかった。これだけの情報でもQさんとしては点数稼ぎになるのだと言っていた。

まだ携帯電話が普及していない時代だったので固定電話の盗聴は技術的には簡単だった（私でも固定電話の盗聴ならちょっとした道具が揃えばできる）。「個人情報保護法」といった面倒臭い法律もなかったから公安も平気で身辺情報の質問を投げかけて来たし、私も学生に不利にならない範囲で情報提供が可能だった（道義や倫理の問題は度外視して）。今私が同じ職場にとどまっていたら公安とのやり取りはどんな具合になっていただろうか。おそらく法律や技術が変化しても公安警察の行動原則は変わっていないと思う。

大学の現場は非正規職員だらけ

民間企業では派遣社員や契約社員を利用しない会社のほうが珍しい時代になった。同様の現象は大学でも生じている。稀にほとんど非正規職員を使わない大学もあるにはあるが、事務室の7割以上が非正規職員といった職場もざらにある。「官から民へ」とか「雇用形態の自由化」とかいう政府のメッセージは、経営者にとって「人件費」を減らしやすくするために、これまで認められなかったオプションを提供したにすぎない。大学教育現場でも様々な問題が発生しており、根源的には大学の力量を低下させる要因となっている。

1日中、正規職員が出勤しない事務室も

アルバイトや嘱託職員を採用する時は、必ず面接を行うが、派遣職員を採用する際に大学は本人と面接することが法律で許されていない。書類審査のみで人選を行う。その結果担当業務に適した能力や性格と不一致の人がやってくるというミスマッチはもう日常茶飯事だ。これは雇用する側にとってもリスクの大きい問題だと思うのだが、大学事務室内での派遣職員の数が減る様子はない。

そもそも大学職員の業務には管理部門を含めて、学生や教員のプライバシーに深く関わる業務が多い。学部事務室や学生の相談を担当する部署では、学生が相談にやってくることは日常的な風景だ。学生の相談には履修方法や単位についてといった比較的簡単な内容もあるが、自身の体調不良や精神的な悩み、あるいはそれ以上に深刻な課題の解決方法を求めてやってくることも少なくない。

そのような場合、学生にとってカウンターの向こう側で仕事をしている人たちの雇用形態などは関係なく、全員が「職員」として認識される。大学によっては正規職員、派遣職員、嘱託職員、アルバイトの業務分担を厳密に分け（それが当たり前なのであるが）学

生の相談には正規職員のみがあたる運用を厳守している場合もあるが、前述の通り職場の7割を非正規職員が占めているような事務室では、そもそも休暇や出張などで朝から晩まで、正規職員が出勤しないという状況も生まれる。そうなると学生の相談を受けた非正規職員は（その人が誠実あればあるほど）学生の相談につき合わざるを得ない。

一度限りの会話で解決策が見つかるような、特に判断を要しない軽微な相談事であれば、さほど問題はない。しかし、卒業、就職や休学、退学といった判断を要するような相談がなされると非常勤職員では明快な回答を出せないし、出してはいけないはずだ。

管理職がすべき業務まで非正規職員が担当

しかしながら正規職員が圧倒的少数という職場では本来、職責と待遇の差によって当然区別されるべき業務内容の境界が次第にあいまいになってくる。正規職員が行うべき業務を非正規職員が泥縄式に担当させられている状態が続くと、正規職員のモラルが低下し、「ああこれもアルバイトさんにやってもらっていいんだ」といった誤解が現実を徐々に支配していくからだ。正規職員の4分の1ほどしか給与を得ていないアルバイト職員に「判断」や「責任」を委ねることをまったく不自然と感じなくなる。これは「同一労働同一賃金」の原則からすれば、言語道断の事態である。

学生相談への対応は大学にとって基本的な業務である。が、より重要な責任を伴う業務、例えば、次年度予算の作成や決算といった本来ならば管理職が担当すべき基幹業務を非正規職員が毎年行っている大学も少なくない。

さらに驚くべきところでは、正規職員の課長が体調不良で移動したために、その後任課長に非正規職員を任命した大学を私は知っている。そのケースでは、当初の非正規職員としての契約待遇がどのように変化したのかは聞きおよんでいないが、理事や監事といった「役員」に非常勤の学外者が名前を連ねることはあっても、毎日出勤してルーチン業務をこなす事務職の管理者に非正規労働者を配置するという行為は驚くに値する。

職員丸ごとアウトソーシングの波紋

２０１４年８月20日の東京新聞朝刊では、戸籍窓口業務を全面的に民間委託していた東京都足立区が「偽装請負」を理由に厚生労働省から是正を求められたという事件が報じられている。

この事件は今日、行政機関や大学が抱いている大きな「誤解」を理解するのに好例だ。戸籍や住民票は極めて秘匿義務が高い個人の情報であるが、足立区はその担当を丸ごと民間企業に委託していたのだ。愚かな判断と言ってよいだろう。

納税者、住民が求めているのは「安心して任せられる」情報管理ではないだろうか。いくら委託業者と厳密な契約を交わしたところで、情報漏えいが発生することは、かつての「ベネッセ」事件やその後も頻繁に発生するビッグデータの漏えい事件が雄弁に物語っている。このような馬鹿げた行政判断を「他の行政機関に先駆け」などと報じている東京新聞も頭を冷やすべきだ（原発報道では群を抜く活躍が目を引くだけにここではあえて批判しておく）。

大学に置き換えれば、学生や保護者は教育内容もさることながら、学生生活が安心して送れることを期待して高い学費を払っているのではないだろうか。

ところが経営陣が「コスト」優先で正規職員の人数を抑え、非正規職員で職場を回そうとすれば、表面的には経費削減というプラスに見える。だが、相談に来た学生が非正規職員の無責任さ（本当は無責任ではなく対応することが職責上できないのであるが）を「大学の冷たさ」と認識するし、正規職員にとっては学生が抱える様々なトラブル解決にあたるという一見面倒ではあるが、大学職員としての能力向上に資する絶好のケーススタディーのチャンスを逸することになるのだ。

卒論提出日の受付に正規職員がひとりもいない！

ある大学で実際に起こった事例を最後に紹介しておこう。

卒業論文の提出は当然のことながら日時と場所、提出方法が厳密に定められている。定刻になればそれ以降受けつけるわけにいかない、というのが原則である。

関西にある某大学では卒業論文の提出日に正規職員がひとりも出勤していなかった。定刻を過ぎたので事務室にいた非常勤職員はカウンターのシャッターを下ろし受付を終了した。ところが、帰り支度を始めた事務室に卒論を持った学生がやってきた。

さて、あなたがその担当者であれば、どのように対応するだろうか？　定刻を過ぎての卒論提出に非正規の大学職員はどう対応すべきか？

規則通りに仕事をすれば、「門前払い」（受け取らない）で問題はない。しかし、ことはひとりの学生の一生に関わる問題だ。卒論が受けつけられなければ卒業ができないし、せっかく努力して得た就職先の内定がフイになる。留年となれば、余分に1年分の学費が必要となるし、下宿生ならば生活費も馬鹿にならない。

ある程度の期間、大学で仕事の経験を積んだ人であれば、非正規職員でもそういった事情は当然、理解している。だから簡単に「門前払い」をするのにためらいを覚えるのは自然だといえる。

「こんな遅い時間にもう電話せんといてくれ！」

難問に直面したその女性職員は結局、悩んだ末に学生を事務室近くで待機させ、事務室の責任者宅へ電話をかけ、判断を仰ぐことにした。しかし、事務責任者からは「それは私では判断できないから、学部長と相談してくれ」との答えが返ってきた。仕方なく彼女は学部長の自宅に電話をかけ、事情を説明しようとするが、学部長はあいにく自宅に不在だった。判断権限がない非常勤職員はどう処理してよいものか困惑が深まるばかりだ。

再度、事務責任者宅に電話をかけ、学部長が不在で連絡できない旨を伝えかけると、事務責任者は、「こんな遅い時間にもう電話せんといてくれ!」と言われ、一方的に電話を切られたという。大学も企業と同じだ。上司のご機嫌取りには熱心だが、部下には冷酷な性格を持つ人間が管理職として出世してゆく(もちろんそうでない場合のほうが多いが)。

事務室の中では、対処方法がわからず困惑する非常勤職員が自身も不安に駆られる。この間、定刻を過ぎて卒論を持参した学生は、一体どうなることやらと不安げに時間を過ごしていた。

わずかに時間をおいて、学生の指導教授から事務室に電話がかかってきた。おそらく指導教授は日頃からその学生の行動に不安感を抱いていたのだろう。卒論提出が無事に行われたのかを尋ねる内容の電話だった。これ幸いと彼女は事情を説明し、指導教授に意見を求める。

教授の回答は「私がすべて責任を持つので、とりあえず受理しておいてください」であった。正式に認められるか否かはともかく、教授からの明確な回答を得て、一安心した彼女は事務室外で待機していた学生を呼び、卒論を受け取り、「提出証明書」に事務室のスタンプを押す（このスタンプは日付と時刻が押印されるタイプのものだった）。一応の決着はついたが、あくまで仮の受理であるので、そのことを学生に伝えて彼女も帰路についた。

トラブルの全責任を「非正規」職員に転嫁する正規職員

ところが翌日、彼女が出勤すると事務責任者に呼び出され、「なぜ一教員の指示に従ったのか！」ときつい口調で責め上げられた。

「こんな遅い時間にもう電話せんといてくれ！」

と言った責任放棄の事務責任者は、自身に事務手続き上の問題の矛先が向けられるのを防御するために、全責任を彼女ひとりに負わせようと考えたのだろう。彼女としては、もともとよりあまり信頼が置けなかった事務責任者に不当な責めを受けて反論することもできず、精神的に追い詰められる。

他方、「全責任を負う」と発言した指導教授は、受け取り証明書に日付と時刻が押印されていることを盾に「事務室が時間外でもちゃんと受け取っているんだから受理すべきだ」と事務室にねじ込んできた。しかし、事務責任者は「担当者が勝手に押印したものだから私は責任を負えない」と答え、埒が明かない。彼女は自分の横で交わされる無責任な人間同士の会話にほとほと疲れ果てたという。

結局、彼女はそのような職場の人たちに嫌気が差し、翌週には自主的に退職してしまう。そして、仮受付されたと喜んだ学生も卒論は「不受理」となり、留年することになってしまった。

この経緯では、定刻を過ぎて提出を試みた学生に一義的には責任があるのだから、結果的に不受理は仕方ないかもしれない。しかし、その間、専任職員の責任者が適切な指示を出さず、また指導教員も「全責任を負う」など発言したのであれば、指導教員も事務責任者も、学部長との折衝に自ら動くなどの調整努力をすべきだった。結果的には非常勤職員の女性ひとりがあたかも不適切な判断を勝手に行ったかのごとき無責任な議論に事実を歪曲し、退職に追いやってしまった。

そもそも卒論提出日にはこのようなことが起こり得ることは、大学に勤務する専任職員にとっては常識だ。最大の問題は、その日に専任職員がひとりも出勤していなかったことである。

「学生の卒業を一緒に迎えられない」3年契約職員の悲哀

「学生」相手に仕事をする「大学」では、マニュアルや職務権限もさることながら、人間性や責任感が仕事上、問われることが少なくない。規定や手順はもちろん大切であるが、それ以上に相対する人間に誠実であろうとする姿勢はもっと大切で、ケースごとに異なった判断を求められるのが真っ当な業務倫理のはずだ。

そんな性格の職場での仕事にやりがいを見出し、自分の適性もあると感じながら、契約により3年や5年で大学を去っていかなければならない「契約職員」は気の毒な存在である。契約時に「3年あるいは5年を上限に」との明文契約書に納得し、就任しているものの、仕事に慣れ、学生とも親しい関係ができてくると、大学での仕事は「収入」よりも「生きがい」になってくる。だから大学を離れたくない、と感じる人が少なからず出てくる。そんな気概のある人材は大学にとっては極めて有力な武器になるはずだ。

3年契約で就任した契約職員Aは、その熱心な仕事振りで専任職員の間でも評判だったし、学生からの信頼も厚かった。しかし、退職に際してこんな一言を残して、大学を去っていった。

「入学してきた学生の卒業を一緒に迎えられない制度とは一体なんなんだろうと思います」

原則論に立てば、極めて定型化された単純作業でありながら、多くの稼働を要するもの（郵便物の発送・図書館の窓口・入試の際の一時的事務作業など）を除いて大学職員という仕事は本来、正規職員が担当すべきだと私は考える。

正規職員だからできた卒論「遅刻」学生救済法

近年、非正規職員で契約満期やその他の事情で職を失った人たちが労組を結成し、大学との「非正規問題」を議論する争議が増えてきている。大規模大学の労組は概して非正規職員には冷たく組合に加入できない場合がほとんどであるので、職を失った人たちが中心となり、労組を結成しなければ交渉の場すら得ることができない。

卒論「遅刻」学生の救い方

もう時効だろうから、私自身の経験を告白しよう。専任職員だった頃の話だ。前述同様の「卒論の遅刻提出」を専任職員時代には何度も経験した。広い事務室ではないが、私以外にも複数の専任職員がいる前で、学生は卒論を提出しようとする。「はい、わかりました」と受け取るのでは時間を厳守した学生に申し開きできない。

大学を卒業するためには卒業要件を満たしていること（決められた単位数を取得していること）と、学費が完全に納付されていることが条件となる。だから、まず卒論遅刻提出学生が発生した場合は事務室ではなく、別の場所で学生を待たせて、単位取得状況と学費が完納されているかどうか、さらには指導教授が誰であるか、所属サークルなどを調べ上げる。中には卒業要件の半分ほどしか単位を取得していないのに卒論を提出しようとする猛者もいるが、そのような学生はどうあがこうが留年決定なので卒論は受け取らない。

卒業要件をすべて満たし、卒論の提出時刻のみが遅れてしまった学生の場合、私は受領印を隠し持ち事務室を出て、待機する学生から卒論を受け取り、そこに受付印を押印する。他の学生、ことに下級生にこのことは口外しないように言い聞かせ、卒論を封筒に入れて事務室に持ち帰る。

やや時間をおいて、すでに提出ずみの卒論を収納した段ボールを取り出し、整理に取りかかる。ほとんどの学生は定刻以前に卒論提出を終えているが、それは受け取り順に段ボールに収められているだけであるので、学籍番号順に揃え直す必要がある。その作業の最中に何気ない顔をしながら受け取った「遅刻」卒論を段ボールに放り込めば一件落着である。

お礼は無用だったのに！

ところが後日、困った事態が起こった。「口外しないように」と伝えていたにもかかわらず、学生が紙袋を持って「田所さんこの間はありがとうございました！　これお礼です」と再び事務室にやってきたのだ。紙袋の中身はウイスキーだ。誰に聞いたのか知らないが、その学生は私が酒好きであることを知り、ありがたくも迷惑なお礼を持参してくれたのだ。

まさか「おおきに」と言って受け取るわけにはいかない。「なんか勘違いしてるで。私は君になんにもお礼を言われるようなことはしてへんよ。でも一緒に飲むんやったら断らへんから5時以降に来てくれるか」と言ってお帰りいただいた。

そんな牧歌的な話は四半世紀ほど前のことである。今日では「コンプライアンス」重視は大学にも行き渡っているので私のような不届きな職員はいないであろう。

学園祭と大学職員

学園祭はその大学の学風や個性を知るのによい機会だ。模擬店で軽食を売る光景はどこの大学でも見られるが、時に目を疑う光景に出くわすことがある。

私が勤務していた当時、その大学にはなんと年に2回学園祭があり、業界では「知る人ぞ知る」存在であった。学園祭期間中、大学内の統治は実質的に「学園祭実行委員会」に委ねられ、私たち職員は万が一の事故や怪我、事件に備えて事務室で待機していた。「待機」といえば聞こえはいいが、ひとり飲酒しない職員を確保して、その他の職員は昼間から学生ともども酒を食らっていた。

とはいえ、学園祭の前には事故や近隣住民と問題を起こさないために「学園祭実行委員会」とわれわれ大学側でかなり細密な打ち合わせを行っていた。全体像は毎年の蓄積があるので双方さして異論はないが、一番焦点になったのがメインステージで行われるイベントの内容だ。学生側はそれまで行われた企画を超えようと、さらにインパクトのある（危険であったりワイセツ寸前であったり）企画を準備してくる。大学としては物理的に明らかに危険が予知されるものは許可するわけにはいかないので、押し問答となる。

実際それまで学園祭で前例のなかった、３メートル超の高さから、じゃんけんで負けたほうが飛び降りる、という（単純にして馬鹿げているが、学生にとっては3メートル以上の高さが過去の企画を超えるので意味があるのだ）企画を事前会議で提案された際、「この高さから飛び降りると、地面は敷石だから骨折の可能性がある。下にマットを二重に敷いて２

メートルから君たちが実験して、危険がなければ」との条件をつけて認めたが、迂闊にも学生どもはその検証実験を行わなかった。イベントが始まるとじゃんけん敗戦者が飛び降りて、大声を上げて痛みを訴える者が続出。中には脛から骨が飛び出している者まで出る始末。当日私は運悪く「飲酒禁止」の当番にあたっていたので、4人の学生を次々と病院に搬送する羽目となる。この学生の失態には後日反省会で大学側として（もちろん事前に学長以下の打ち合わせをした上で）私が烈火のごとく怒りを露わにした。

「君たちを信頼して企画を認めたのに、君たちは約束の実験をしなかった。その結果が4人の骨折者だ！　こんな無責任な態度であれば来年の学園祭開催を認めることはできない！」

職員の中でも一番下っ端の私だが、学生とは普段仲がよく、学生のわがままにもかなり聞き分けがよいほうだったろう。その私が「来年学園祭の開催を認めない」と断言したので、その後しばらく学生から投げかけられる視線が変わったように記憶している。

しかし、それは学生に本来の自治能力の発揮を期待してのことであるので、決して大学当局の弾圧ではなかった。大学当局が笑って過ごせる学園祭を実行する力を学生が持っていることを信じていたから、私（たち）は学生が同じ過ちを犯さないようにけん責したが、本気で翌年の学園祭を開かせないなどとはまったく考えていなかった。

予想のつかない出し物

模擬店や教室を利用しての企画ものは、事前申し込み制で「学園祭実行委員会」がすべて把握していたが、その枠を無視して多数のにわか造りの建物がキャンパスにはそこここに出現する。学生の腕と工夫は見上げたものだった。学内的にも「規則違反」なのだが、建設現場で使う足場と発電機、さらには数十種類の洋酒を揃えた本格的なバー。周りを囲んで男女誰でもが順番に利用できるように作られた「五右衛門風呂」。そして極めつけは100人以上は収容できようかという複雑な建築様式で「規則違反」を物ともせずに堂々と建てられた「SM小屋」だ。

「アバンギャルド芸術」か「ワイセツ」か

学生が「SMショー」をゲリラ的に行うという噂は事前に入っていた。当日私は幸い飲酒禁止の当番ではなかったので、後にその大学で学長を務めることになる教員の責任者と一緒に昼からいい気分になっていた。

「○○さん（教員の名前）、学生がSMショーやりよるって聞いてはります」

「知ってるで、うちの専攻の学生やわ。その子はMで女王様を東京から呼んでるらしいで」

「SMって、まさか女の子が裸になって、本当にやるんじゃないですよね」

「いや、やるみたいやで」

「どうします？　フェミニズムの教員から後で叩かれたら厄介ですよ。それに裸といっても一体どこまで…」

「うん。見に行かなあかんな！　職務として」

「ただのスケベ職員やて、言われへんかなー？」

「いや、芸術か、単なるワイセツかを見極めるのは極めて重大な大学の任務や」

「そ、そうですね」

というわけで「SMショー」が行われる「芝居小屋」に向かった。入口には学生が列をなし、われわれも入場料を徴収される。確か1000円だった。「職務権限」で押し切り入ることは無論可能なのだが、列をなしている学生の手前、またこれから始まる「ショー」が一体どんなものなのかという興味と不安で自然に入場料を支払ってしまう。

「先生、来てくれはったん！」と赤い皮の衣装を身に着けた女子学生がこちらに寄ってきた。同行している教員の教え子がこの子らしい。身に着けている皮の衣装はかなりきわどいが、幼い顔をしている。

「観客で来たんちゃうで、勘違いせんといてや！」

「嘘や！　先生私の喘ぐ姿見に来たくせに」

「いや、大学としての責任があるからな。何があるか見届けなならんし」

こんなすっ飛んだ会話、日本の大学ではもう100％ないだろう。牧歌的といえば牧歌的。アバンギャルドといえばそうも言える光景だった。

狭い舞台の上では小さなメガホンを握って、これまた怪しい風体の男子学生が、素人とは思えない慣れた節回しで観客を誘導し、舞台開始までの間をつなぐ。そしていよいよ「女王様」の登場だ。170センチくらいある20代後半の女性が黒いムチを持って現れた。

やわらムチを地面に叩きつける。「ビシッ！」思いがけず大きな音に観客から「おおお」と声が上がる。先ほどの赤い皮を着た学生が登場する。あれ！　すでに上半身は服を着ていない！　床に寝ころぶと女王様が彼女の腹部にムチを打ちつける。

「あ、ああ」

「○○さん、これええんやろうか？……」

私は本来の職務を思い出し、教員に語りかける。

「今のところ、芸術や。問題あらへん」

「どこで、区別すんのよ。芸術とワイセツと」

「ワイセツが悪ではないで」

「え！　なら何しても黙認するん？」

「黙認ちゃうがな、見ながら確認するんや」

このおっさん、酔ってるのか正気なのかわからない。舞台の上のMの子はすでに全裸だ。女王様の道具がムチから蝋燭に代わっている。いかがわしい語り口の小さいメガホンが絶妙な合いの手と解説を入れる。こいつら大学来て一体何やっとんじゃ！　と思いながらもその完成度に見入る自分が優ってしまう。最後にMの子が悦楽に果て、ショーは終わった。

「冷や冷やモンでしたね」

「あそこまでやるとは、ワシも思わんかったわ」

「あれ、芸術ですか？　ワイセツですか？」

「うーん…」

芝居小屋を出る長蛇の列に並んでいるとまた赤い服をまとった学生が寄ってきた。

「先生、どうやった？　私きょうはホンマにすごかったでしょ」

「うんうん、よかったで」

何が「よかった」のか。芸術だったのか？　ワイセツだったのか？　幸いにも学園祭後も学内で特に「ＳＭショー」が問題にされることはなかった。現場にいた教職員はたぶんわれわれ２人だけだったのだろう。と安心していたら、

「田所さん！　学園祭でＳＭショーやってたん、知ってはります？」

と学生がやってきた。

「そんなん知らんけど」ととぼけると、

「『フライデー』に出てますよ。ほら」

なんと、事前に週刊誌『フライデー』の記者が「学園祭でSMショー」を察知して、わざわざ東京から取材に来ていたのだ！　扱い自体は小さいが大学名も入っているし、写真は露わな学生の裸体を載せている。

「知らんかったわー。こんなん知ってたら早く教えてくれな」

「僕も知らんかったんです。後で噂聞いて。見に行きたかったなー」

「あほ。来年からこんなん禁止じゃ」冷や冷やモノであった。

学園祭に見る学生の底力

「ミス・コンテスト」（ミスコン）は下火になったものの町起こしや、企業のPRで相変わらず行われている。かつての「ミスコン」は女性が容姿を主に競うものであった。フェミニズムのみならず女性を「商品」として見ていると問題視する人々から批判を浴び、最近では女性の知識や能力を加味した選考を行うと謳っているものが増えたが、それとて実際は女性の「美人競争」の感がぬぐえない。

学生の慧眼をなめてはいけない

私の勤務していた大学の学園祭にも（「学園祭と大学職員」をご覧いただけば読者には学園祭が一般大学のそれとはかなり趣が異なることはご理解いただけているとは思うが）「ミスコン」があった。ただし、その「ミスコン」は最初からストーリーが出来上がっていて、ステージに登場する「女性」の半数以上は女装した男子学生だったり、優勝者はあらかじめ決められており、舞台上でのやり取りも「吉本新喜劇」みたいな出来レースであった。

フェミニズムの世界で知らない人のいない、上野千鶴子先生始め、多数のフェミニズム教員が在籍していた大学だから、通常の「ミスコン」など行えるはずもないし、大学も女性の差別は許さないのはわかり切っている。学園祭を主催する学生たちの感性はわれわれ教職員のそれをはるかに凌駕する鋭さがあった。

私が着任した年に行われた学園祭での「ミスコン」では、その年に入学した学生（つまり1回生）が優勝者に内定していた。確かに顔立ちはそこそこ整っているが、口数も少ないし、どうしてこの学生を学生たちが「女王」に選んだのか、実際の舞台を見るまで私にはよくわからなかった。彼女は恥ずかしそうに舞台に登場すると、司会者からいくつか質問を受け、音楽に合わせてゆるやかに踊り出した。すると驚いたことにそれまでの恥じらいの表情が、徐々に変化を見せ出した。全身から人を惹きつける不思議なオーラのようなものを発し始めたのだ。「自分が多数の人から見られていることに対しての喜び」のような表情に変わっていく変化を今でもはっきり覚えている。決して踊りが上手でも、振る舞いが派手なわけでもない。下手な芸人より面白い話をする参加者も他にいたが、なぜか輝いている。そんな彼女が予定調和ながらその年の「ミスコン女王」に選ばれたのかなんとなくうなずけた。

ミスコン女王が有名お笑い芸人に

それから約1年半後、私は彼女から相談を受けることになった。彼女は3年次に半年

郵便はがき

おそれいりますが
62円切手をお貼り
ください。

6 6 3 - 8 1 7 8

（受取人）

兵庫県西宮市甲子園八番町二-一
ヨシダビル301号

株式会社
鹿砦社
関西編集室　行

◎読者の皆様へ

ご購読ありがとうございます。誠にお手数ですが裏面の各欄にご記入の上、ご投函ください。
今後の小社出版物のために活用させていただきます。

読者カード

ふりがな
お名前　　　　　　　　　　男・女　　　年生れ

ご住所
〒　　　　　　　☎

ご職業 （学校名）	所属のサークル・団体名

ご購入図書名　大暗黒時代の大学

ご購読の新聞・雑誌名（いくつでも）	本書を何でお知りになりましたか。 イ　店頭で ロ　友人知人の推薦 ハ　広告を見て（　　　　　） ニ　書評・紹介記事を見て（　　　　　） ホ　その他（　　　　　）
本書をお求めになった地区	書店名

本書についてのご感想、今後出版をご希望のジャンル、
著者、企画などがございましたらお書きください。

海外留学が決定していたのだが、それを取りやめたいという。海外留学は彼女が個人で計画したものではなく、大学が選考して派遣する制度を利用したものだった。その留学手配業務が私の仕事だったので彼女は相談に来たのだ。理由を聞いてみると「テレビの深夜番組へ出演できるようになった。将来は芸能界の仕事がしたいのでこのチャンスを活かしたい」と言う。しかし詳しく聞くと「テレビ出演」といっても深夜のローカル番組で、タレントが話す後ろに座って場を賑わす「ひな壇」のひとりにすぎないらしい。私は彼女の才能は知らないものの、芸能界で成功することの難しさは予想できた上に、半年間の留学で大いに成長した学生を何人も見てきたこともあり、彼女に再考を促した。が、彼女の意思は固く結局留学は取りやめることとなった。

担当していた教員にも相談に行った。「『あんな馬鹿番組に出ただけで売れるわけないわよ』っていくら諭しても聞かないから仕方ないわ」というのが指導教員の話だった。

数年後、彼女は松竹芸能所属の漫才師として全国に名が知られる存在になっていた。白と黒の駒を色の数で勝敗を競うゲームがコンビの名前だった。今は解散してしまったのか、休養中か知らないけれども「オセロ」の中島知子が当時の学生さんだった。

私はテレビを見ない。それでも週刊誌や知人の話に頻繁に登場するくらいの売れっ子になっていた。「留学をやめたい」と相談に来た時に強引に説得しなくてよかった、と彼女の成功を喜んだ。

その後、あれこれトラブルがあって急激に太ったとか、洗脳されて引きこもりになったとか、井上陽水とデキた（事実ならあっぱれ！）などあまり芳しくない噂を聞くにつけ「やっぱり止めておいたほうがよかったのかな」とも思うことがないでもなかったが、彼女の選んだ人生だ。後はよろしくやってってくれとしか言いようがない。

それにしても、入学1年目の彼女に宿る「才能」（運？）を見出して、「ミスコン」の「女王」に選び出した学生たちの慧眼に恐れ入る。学生をなめてはいけない。

入試試験当日の大学職員

「A大学入試、数学の問題に誤り」。大学入試の出題ミスは大小含め毎年報道される。記事が出ていても、もはや読み飛ばす読者が多いだろう。大学の肩を持つわけではないが、こと「入試問題」にかけて大学は、その「秘匿性」と「正確さ」にかなりの神経を遣っている。努力はしている。それでも「入試問題」の間違いを根絶はできない。それは入試形態の多様化と学生確保のために、入試実施の回数が増え、それに合わせた出題を準備しなければならない大学の負担が増すばかりだからだ。

一般に入試が行われている時間内に現場で大学側から「問題の訂正」や「回答方法の変更」を受験生に伝えることができた場合は、報道されるような「出題ミス」とは取り上げられない。受験生が試験を終え、会場を後にして関係者が「おい、これ間違いじゃないか」と大学に連絡を寄越してきて、初めて大学が気づいた時に「事件化」する。

入学試験は大学の要――だから大学関係者は大変！

入試には必ず教室ごとに監督者が数名配置され、受験に関する注意伝達や問題配布を行う。大規模大学の教職員は年度を通してゼロ回か1回程度の監督担当ですませられるが、小規模大学で受験生の数がそこそこあると、教職員は連日試験監督にあたることになる。「入試課」とか「入試広報課」が教職員の監督配置を決め各人に連絡が来る。私も毎年この時期には連日試験監督に駆り出されていた。

当然のことながら、監督者も試験会場で初めて試験問題を目にする。受験生が着席し開始5分ほど前までに回答用紙と問題用紙の配布を終え、試験中の注意事項を伝える。試験開始までの数分は特にすることはないので、教壇の上で配布し終えた問題用紙に誤植などがないか目を通してみる。

私の勤務していた大学は入試の「英語」は比較的基礎的な力を試す良問が多いのが特徴だった。言い換えればそれほど難しくはないわけだ。開始定刻になると「はい、回答用紙を表に向けてまず、受験番号と氏名を記入してください」とマニュアル通りに伝える。受験生があらかじめ提出している写真を持って、受験票および本人かどうかの確認に回り、欠席者を記録しておくとしばらくは手が空く。

そこで再び、今度は受験生になり切ったつもりで問題を読む。すると「これ、複数形じゃないとおかしいんじゃないか」と長文問題の中に疑問箇所を見つけることがある。静寂な教室内からは連絡できないから廊下に出て、内線電話や携帯から「入試本部」に連絡する。「入試本部」には「問題発生」の際に対応するため必ず出題者が控えている。「3ページの下から5行目の単語です。これ単数ですが、主語が複数だから複数形じゃないかなと思うんですが」と要点を伝える。即答はない。「確認して連絡します」ということになり教室に戻る。

私の勘違いで出題に間違いがなければ、「入試本部」から誰かしら走ってきて「問題ナシ」と書いた紙を手渡される。逆に私の指摘が正しい場合には正誤表と黒板に書く訂正内容、および受験生に口頭で伝える内容をコピーした紙が、息を切らして走ってくる伝令によりもたらされる。訂正箇所を板書し、口頭でそれを伝える。

大学内で実施している試験の時はさほど緊張もしないけれども、地方試験で「入試問題」の間違いを見つけると大慌てだ。やはり教室の外に出て携帯電話から「入試本部」に電話をかけ疑問箇所を伝える。地方試験時は電話は切らない。何せ地方試験は全国で同時に行っているから、もし「出題ミス」なら「正誤」を確認するだけでなく、場合によっては、こちらも他の地方入試会場に訂正を伝える「伝令」を担わなければいけない時もあるからだ。不幸にも私の指摘通り「出題ミス」が確認されると、手書きで「正誤表」を作成し教室に控える別の担当者に速やかに手渡し、自分は「入試本部」と調整してこちらから連絡をする会場を決め、担当者の携帯電話に大急ぎで電話連絡をする。と、現場では「ミスがあっても最小限に」という努力が結構真剣に行われていた（当たり前だが）。

造幣局で刷られる入試問題

ところで「刑務所」と「入試問題」。この2つには深い関係がある。一見無関係な両者だが読者には想像がつくだろうか。

かつて、相当数の大学の入試問題は「刑務所」の中で印刷されていた。理由は「刑務所」は問題漏えいの心配が限りなく低い場所だからだ。印刷費用も妥当な額だったと記憶する。「刑務所」内の作業日程を書いたカレンダーにはイニシャルで「A大学納期」「B大学校正」などびっしり日程が埋まっていた。大学の人間が服役中の方と接することはなく、「刑務所」の職員の方とやり取りをするのだが、印刷が終了すると今で言う警備会社の車両で大学に運び厳重に保管されていた。

ある時期を境に、刑務所ではなく印刷は別の場所に移動した。噂程度でしか聞いたことはないけれども「刑務所」からなんらかの方法で問題が外部に漏れたような話を耳にはした。

次なる場所はさらに「機密性」が高いところでなければならない。そこで選ばれたのが「造幣局」である。お金を印刷する機械と入試問題を印刷する機械が同じなのかどうかは知らないが「造幣局」での入試問題印刷も歴史は長い。「造幣局」も「刑務所」も納期や印刷の確かさに関しては民間の印刷会社の比ではなく任せるほうとしては安心この上ない。

「入試問題」の内容は「どのような学生が学びに来てほしいか」を受験生に伝えるメッセージでもある。私には入試問題作成を予備校に依頼したり、「センター試験の点数だけで」合否を決めるなどは、私立大学としての存立自体を否定する行為のように思えてならない。今では少数派になってしまったけれども、私と同じように考える大学関係者もかつては数少なくはなかった。

受験生にとっては苦痛以外の何物でもない「入試」だが、「入試問題」にはそういう裏面の歴史もある。

第2章

時代に翻弄される大学の諸相

「Beyond Borders」! 立命館大学

「Beyond Borders」（自らの「ボーダー」を超えていく）——。数年前から関西のJRに乗ると頻繁にこのコピーを用いた立命館大学の広告を目にする。大学のキャッチコピーとして、これからしばらくこのシリーズで広告を展開するようだ。

私が最初にこの広告を目にして「えっ！」と驚いたのは2014年3月だった。ソチ五輪スノーボードハーフパイプで銅メダルを獲得し、立命館に「入学予定（まだ入学はしていない）」の平岡卓選手の姿が、宙を舞っている写真とともに取り上げられていた。

在学生や卒業生の活躍を大学が広告に利用することは珍しいことではないが、入学予定者（仮に進学が内定していたとしても）を大々的に広告に利用するのは極めて異例である。この広告ひとつからも、現在の立命館が持つ特徴の一端が表れていると見ることができる。要は「度を越えている」のだ。

京都の庶民派大学、「越境」して大変身

立命館大学の歴史は１８６９年に遡る。京都に西園寺公望《さいおんじきんもち》が「私塾立命館」を設立し、その後中川小十郎が「京都法政学校」を夜学として開校する。１９１３年に京都広小路に校舎が整い「立命館大学」の名称へ変更され、実質的に今日に続く大学の歴史が始まる。

立命館は昔から「関関同立」と呼ばれる関西難関私大の一角を占めてはいたものの、他の大学に比べると、どこか野暮ったく（よく言えば庶民的であり）校地も手狭であったため、華々しい印象を与える大学ではなかった。その立命館が変化を見せ始めたのが１９９０年代からである。事務職員上がりの叩き上げ、川本八郎が理事長に就任し、権限の集中化を進めると積極的な「改革」「経営」に舵を切る。

京都にしか校地を持たなかった立命館は１９９４年に滋賀県草津市から校地の提供を受け、念願の広大なキャンパスを設置する。京都由来の大学としては龍谷大学も滋賀県大津市にキャンパスを設けているため、やや大げさな表現になるかもしれないが、立命館にとってはこれが最初の地理的な「Beyond Borders」（京都→滋賀県）だったと言えるかもしれない。

その後、中曽根康弘が首相時代に提唱した「留学生10万人計画」（2000年までに留学生を10万人受け入れる）に沿う形で2000年、大分県に「立命館アジア太平洋大学」（APU）を開学する。ただし、APUの開学は地元の猛反対などで、当初の計画を押しての開学だった。APUは学生の半数を留学生とし、講義を英語で行うなど先進的な試みを謳い開学したものの、当初は十分な留学生数を確保することができず、世界各国に「授業料は無料で構わないから」と学生募集に奔走していたとの噂が大学業界では真しやかに語られていた。

理事長が進めた「独裁」

京都は狭い盆地の中に数多くの大学がひしめき合っている。公式に各大学の担当者が集まって定期的に開催される会合もいくつかあり、それ以外でも各大学にそれぞれ知り合いの教職員がいることが多いため、虚々実々の噂が耳に入ってくる。

1990年代中盤以降、立命館大学の職員と接する度に、他の大学関係者は何かしら大学職員としての違和感を覚えていた。だから、裏では「株式会社立命館」と呼ばれていた。

系列高校の買収や新学部の創設に邁進する川本理事長は、敏腕経営を実践する「改革者」としてマスコミにも頻繁に登場していたし、彼は京都に限らず全国の大学や企業から声がかかり講演を多数こなしていた。しかし、結果からいえば川本は強引な手法を用いて自らに権限を集中し「独裁者」として君臨し、彼に異を唱える者は誰もいないという状況を作り出していたのである。

川本は職員時代から日本共産党員であった（たぶん現在もそうであろう）。１９６０年代から70年代のいわゆる「学生運動」が盛んだった時期に、立命館は京都の中では飛び抜けて教職員、学生とも日本共産党員あるいはそのシンパが多数在籍していた。

京都大学、同志社大学では日本共産党から分かれた新左翼系の学生が勢力を強めていったのと対照に、立命館では学生自治会もほぼ「民主青年同盟」（略称・民青。日本共産党の学生組織）が掌握していた。当時、自治会委員長を務めた人物は、学生課長であった川本と「共同作業で学園の正常化を進めた」と回顧している。そういった側面からも、立命館のどこか地味なイメージというものが定着していったのかもしれない。

独裁体制の「一線を越えた」大失態

川本独裁体制に移行して以来、立命館大学の経営は「行け行けどんどん」に変容した。川本は時に日本共産党仲間の人間を学外から抜擢し、要職に着任させるなどの独自の手法を用いながら、それでも基本的に人の話に耳を貸さない、独裁者としての確たる地位を確立し、ついに大失態を演じてしまう。

2005年、川本は「立命館の一時金（賞与）は高額過ぎるのでカットしたい」と発議し、大学や高校、中学の教職員の一時金の一部削減を実行する。その一方で「常勤役員退職慰労金」の基準を2倍に高める（年額500万円から1000万円へ）という変更を同時に行った。「常勤役員退職慰労金」とはわかりにくい名称であるが、これは「退職金」ではない。常勤の理事等役員がその役職を離れる時にその間の功労に応じて支払われる制度である（退職金は別途退職の際に支給される）。

その結果、驚くべきことに一般の教職員の一時金を減額しておきながら、川本には1億2000万円の「常勤役員退職慰労金」が支払われることとなる。この事件は立命館の大学としてのモラル崩壊という点で「Beyond Borders」と言えるだろう。

さすがにこの無茶苦茶さに黙ってはいられないと立命館教職員の有志が理事会を相手取り訴訟を起こすこととなり、新聞、テレビなどでも大々的に報道されることとなる。

新設学部の入学定員超過で「Beyond Borders」！

さらに追い討ちをかけたのが２００８年に起きた「入学時転籍」問題だ。新設の「生命科学部」の合格者を多く出し過ぎてしまった立命館大学は、合格者に「あなたは優秀だから生命科学部以外にも入れますよ。理工学部へ入りませんか？」といった誘導を行ったのである。

受験生からすれば青天の霹靂だ。自分が受験したのは「生命科学部」であって、その合格通知を手にしたところで「他の学部はいかがですか？」と大学が聞きに来ることなど想像を超えている。なぜ、このような転籍を強行しなければならなかったのか？

その理由は文部科学省による補助金である。大学は入学定員が決まっており、定員超過率が１・４倍（この数字は当時のもの。時代により変動するので今日の正確な基準は異なっているかもしれない）を超えると補助金の対象から除外されるというルールがある。

志願者が多く、競合大学が多彩な大学にとって、合格者を何名にするか、その決定は極めて神経を遣う作業である。特に競合大学と受験日が重なったり、新規の類似教育内容の学部が他大学に新設された年などは、それまでの経験則やある種の「勘」が役に立たない。まさに、その失敗を「生命科学部」は犯してしまった。合格者を出し過ぎてしまったのだ。

文科省も一度限りの定員超過について厳罰は課さず、注意程度に収める場合が多いが、その後に新しい学部の新設や大学院の設置を予定している場合にはそれに悪影響をおよぼす。立命館は当時、さらなる学部新設を計画していたことから「生命科学部」の入学者定員大幅超過はなんとしても避けたかった。そこで他学部への「入学時転籍」という荒技に手を染めたのだ。

岐阜の公立高校買収でも「Beyond Borders」！

さらに立命館大学の快進撃(?)は続く。この大学は岐阜県の「市立岐阜商業高校」の買収を水面下で進めていたのだ。この報道を新聞紙面で目にした時、私は「おいおい、いくらなんでもそれはないやろ」と腰を抜かしかけた。「岐阜県」にある「公立高校」の買収に本気で取り組んでいたのである。

大学校地が全国に広がる日本大学、東海大学といった経営方針の大学ならば、新たに「出店」を開業することにさしたる驚きもない。だが、立命館はAPU（立命館アジア太平洋大学）を大分県に持っているとはいえ、実質的にはあくまで「京都」中心の大学である。近畿地方と中部地方、地域も文化園も異なる岐阜県の、しかも公立高校を買収にかかるとは、一体何を考えているのか？　そんな話がうまくまとまるのか？　と注目していたが、案の定、岐阜市議会で猛烈な反対を食らい、この買収計画は失敗に終わる。

校舎内爆発未遂事故で「Beyond Borders」！

また、立命館大学びわこ・くさつキャンパス（ＢＫＣ）では２０１３年、「火災による水素ボンベ爆発未遂事故」（！）が起きている。ＢＫＣ校舎内でボヤが発生し、実験用の水素ボンベに引火の危険性が生じたため、ボンベから半径２００メートルからの避難指示が出された。

ところがボンベから半径200メートルは大学の敷地のみならず、近隣の住宅街にもおよぶ。学生だけではなく当然、近隣住民にも避難の指示が伝えられるべきところ、連絡はなんと自治会長にのみ伝えられた。自治会長ひとりで当該地域の住民全員に迅速な連絡ができるはずはなく、後日、大学と自治会、草津市役所も含めて検証の場が持たれ、地元からは強い不安と不満の声が上がったという。これは物理的に極めて危険性の高かった「Beyond Borders」といえよう。

「茨木」校地開設で「ゲームオーバー」

そして、極めつけは「いばらき（茨木）」校地建設だ。茨木と言えば関西になじみの深い方には容易に位置を認識していただけようが、関西地域以外の方には少々説明しておいたほうがよいだろう。

茨木市は大阪府の北東に位置する。JR、阪急電車などで大阪駅へのアクセスもよいため、古くからのベッドタウンでもある。茨木校地のさらに北東（茨木市より京都寄り）には高槻市があり、JR高槻駅前には関西大学の高槻キャンパスが建っており、同市内には高橋大輔や織田信也、宮原知子などの有名フィギュアスケート選手を生み出した関西大学のスケートリンクもある。その関西大学のメインキャンパスは茨木市より大阪寄りの吹田市千里山だ。つまり地理的には立命館大学の茨木校地は関西大学のメインキャンパスと高槻キャンパスに挟まれる場所に2015年4月に開設された。

この茨木校地建設問題について詳述し出すと紙数がいくらあっても足りないが、その危うさを示す同大学職員のコメントを紹介しておこう。

「茨木校地を建設すれば、いずれ財政的に立ち行かなくなる」

ある現職財務担当職員の見解だ。その理由は総合大学でも、大きな校地を分散して持つとそれぞれに学部や研究科の事務機能や総務、経理、庶務から広報担当の職員を配置しなければならない。本部機能は元の校地に置くとしても、茨木校地は茨木市との共同開発でもあるので、市や、府との交渉を担える人材も常駐する必要が生じる。いわば企業が外国に現地法人を構えるようなものだ。その負担と業務の煩雑さが将来の負担増を懸念する最大の材料になっているという。

現在の理事長、執行部は「関西大学との戦いに勝つために」と茨木校地開設の意義を語っているという。おいおい、立命館のライバルは同志社大学ではなかったのか?

大学業界人の多くは「茨木校地開設はひょっとすると株式会社立命館の終わりの始まりになるかもしれない」と考えている。ゼネコンに莫大な利益もたらすことはあっても、立命館がまとまった校地を茨木市に開設する積極的な理由は見当たらない。

2017年の入試では茨木校地の「総合心理学部」「経営学部」とも、まだ堅調な数字を残してはいるが、わざわざ大阪府に大学校地を開いたほどに顕著な入試倍率は見られない。大学は企業と異なり、経営状態が多少悪化しても即座に「倒産」とはならない。立命館クラスの大規模大学になれば尚更だ。ただし「貧すれば鈍す」で経営ミスや財務状況の悪化は教学内容（教員、学生の質など）を直撃する。大学内での無用の雑務や対立も起きてくるだろう。

立命館大学が越えてきた数々の「Borders」。その選択が妥当であったか否かそう遠くない将来、回答が出るだろう。私の直観ではかなり厳しい未来が予想される。

「大学の自治」を放棄した同志社大学――大麻所持者逮捕の不可解

ここ数年同志社大学は大小スキャンダルの連撃に見舞われている。2015年8月には以下の事件が起きた。

〈『大学なら警察こないと…』同志社大図書館に大麻持ち込み容疑、卒業生を逮捕〉

同志社大学（京都市上京区）今出川キャンパスの図書館で大麻を所持していたとして、京都府警上京署は31日、大麻取締法違反の疑いで、奈良県橿原市内に住む無職の男＝窃盗未遂罪で起訴＝を再逮捕した。同署によると「吸う目的で持っていた」と容疑を認めているという。

再逮捕容疑は、8月6日午後6時10分ごろ、同キャンパスの図書館で大麻草1袋を所持していたとしている。

同署によると、男が他人のかばんを物色するなど不審な行動をしているのを持ち主の男子学生が見つけ、報告を受けた大学関係者が同署に通報。駆けつけた署員が、男のズボンから大麻を見つけたという。男は同志社大の卒業生。「大学なら警察官が入ってこないと思った」と供述しているという（産経新聞2015年8月31日）。

大学職員はなぜ警察に通報したのか？

この記事は不可思議だ。同志社大学図書館で「他人のかばんを物色するなど不審な行動をしている」男を学生が職員に通報し、「何も盗っていないのに」職員が警察に通報をしている。この程度の事柄で大学職員が警察に通報するものだろうか。この記事通りだとすれば同志社の大学職員の感覚はもはや「警察国家」の構成員と言わねばならない。

さらに理解しがたいのは「不審な行動」で通報された男性は「窃盗未遂」で起訴されているが、「8月6日午後6時10分ごろ大麻草1袋」を所持していたことが確認されていることだ。8月6日逮捕時に男性は上京警察で詳細な身体検査を受けて「大麻草1袋所持」が確認されているのであれば、即「大麻取締法」違反でなぜ警察は送検しなかったのか。8月31日になっての再逮捕はいかにも不自然だ。「窃盗未遂」と「大麻取締法違反」では後者のほうが明らかに量刑も重いにもかかわらず、逮捕直後には「大麻取締法」違反では起訴されていない。

同志社大学広報課に問い合わせてみた

不明な点があまりにも多いので、同じ年の9月4日午前、同大学広報課に問い合わせた。「この事件は産経新聞のみで報じられており（前述の通り）不可思議な点が多いが承知しているか」と聞くと、広報課のハタブは「事件があったことは承知しているが詳細は把握していないので内部で情報を収集する」と約束してくれた。

後刻再度問い合わせると広報課の高阪が電話に出たので、私は再度「当該被疑者は他人の持ち物を『物色』している（つまり何も取っていない）だけで大学が警察に通報したということか」と質問すると「詳細がわからないので学生支援課に確認します」としばらく電話を保留にされた後、最終的に庶務課庶務係長の秋田に電話が回された。秋田によると「自分の鞄から何かを抜き取ろうとした男を発見したので、学生がその男を捕まえて図書館のカウンターに連れてきた」そうだ。「そこで学生と連れてこられた男性に職員が聞き取りを行った後に、上京署（110番）へ通報した模様だ」ということだ。

つまり、被疑者はこの時点で「物色する」行為は認定されているものの「何も盗んではいない」。それにもかかわらず図書館の職員は警察に通報をしている。

この取材の中で複数の同志社職員に尋ねた。

「大学の中では意図的、あるいはそうでなくとも、置き引きや窃盗に該当する事案は多数起こる。図書館から本を無断で持ち帰る人間もいれば、大学の施設・設備に故意で損傷を負わす学生もいる。でも、そのような時に大学が『警察』に解決を求めるだろうか。しかも、今回のケースでは『被疑者』とされる人物は何も盗んでいない。大麻を所持していたのは、たまたま逮捕されたから発覚した付帯的な事実だ。こんな軽いトラブルで『警察』に通報するのは大学として妥当な行為だろうか、『大学の自治』を自ら放棄してはいまいか？」

この問に関して名前は挙げないが、ある職員の方は「詳細はわからないが、新聞報道の通りだとすると大学が警察に軽々しく通報するのは『大学の自治』の放棄にあたると言われても仕方ない」と回答された。

「大学自治」の大原則が崩壊しつつある

大学内で起きた問題は大学内で解決する——。

これは私の苗字と同じ故人、同志社大学で学友会委員長と京都府学連委員長だった田所伴樹が同志社構内で、共産党系の学生たちから瀕死のリンチを受け生死の境をさまよった時、入院先の病院で口にした言葉だ。どれほど酷い仕打ちを受けても「大学内の問題は大学内で解決する」この極めて高い哲学を、被害者である田所は弱冠22歳にして「学生」として提起した。

かえりみて、今回の同志社当局の判断はどうであろうか。複数の職員の方々に取材したが皆さん「現場で何があったか詳細はわかりませんが」と口を濁し電話をたらい回しにする。

私は「わからなければ調べて教えてください」とお願いするけれども、彼らはその状況を外部に伝えることが禁じられているのか、あるいは調べる熱意がないのか、あいまいで実態がわからない。

こうやって破局への行進は、またしても歩を進めるのだ。誰も悪くない、誰も解らない、誰も責任を取らない。「疑わしい行動をした人間が悪いんじゃないか。それに彼は大麻も持っていたし…」との心中の言い訳が聞こえてきそうだ。

違う。断じて違う。学内で物理的暴力が起こり危機的な状況になっても、学生を守り通すのが大学職員の仕事だ。極端に言えば「学生を支援し守ること」以外に本質的な大学職員の仕事などない。経理も総務も学部事務室もすべて学生を支援するために準備された部署だ。「時代錯誤だ」という批判がすでに頭の中で聞こえる。でも私は自分の考え方が間違っているとはまったく思わない。

勘違いしているのはこの時代、そして「戦争推進法案」こと「安全保障関連法案（安保法案、平和安全法制備法案）」に賛成する学長を引きずり下ろす気さえない同志社大学のありさまだ。

いささか飛躍が過ぎると思われるかもしれないが、産経新聞の報道が正しければ、被疑者が語った「大学なら警察官が入ってこないと思った」との感覚が被疑者の行為・目的を度外視しても、よほど真っ当な原則に立脚しているように思える。

同志社大学の「良心」は「安保法案」を許すのか?

２０１５年7月13日午前、衆院平和安全法制特別委員会は、有識者の意見を聞く中央公聴会を開いた。憲法や外交・安全保障の専門家ら５人が出席。野党推薦の３人が法案に否定的な見解を表明し、与党推薦の２人が賛意を示した。と毎日新聞は報じた。

同志社大学は、学長が「戦争推進法案」賛成を表明した初の大学

一体どんな輩が「戦争推進法案」に賛成を表明したのかと記事を読み進むと、ひとりは外交評論家と自称するタカ派で有名な岡本行夫で、ああ、この人間ならさもありなんと驚きはなかったが、なんともうひとりは同志社大学長の村田晃嗣ではないか。村田の反動振りは第2次湾岸戦争で、イラクへの自衛隊派兵の際に、当時の川口順子外務大臣を同志社構内に招き（多数の私服警官も学内へ招き入れ）「派兵」の抗弁をする機会を与えた

過去があることからも明確だ。文字通りの好戦的米国追従学者だったが、学長に就任してからしばらく、以前に比べれば目立った政治的発言は控えていた。

しかし、2014年の「解釈改憲」について実質的に是認する発言を行ったあたりから、この男がいつ本性を露わにするのか、と注視していたが、まさか「戦争推進法案」の「中央公聴会」で政府の暴走是認を行うとは考えもしなかった。毎日新聞の記事によると村田は「憲法の精神を守るのは言うまでもないことだが、これは安全保障の問題でもある。安保の学会では多くの専門家が肯定的回答をするのではないか」と述べたという。

「安保の学会」とはどの学会なのか？

村田が言う「安保の学会」とは何を指すのだろうか、名前が近いところでは「国際安全保障学会」がある。

この学会は1973年に「防衛学会」という名前で発足しているが、2013年次の大会記録を見ると「日米武器技術協力の模索　1978―1986　日本原子力研究開発機構　武田悠」や「東アジアにおける共同軍事演習　防衛省　廣瀬律子」といった、とてもではないが「学問」の範疇には収まらない「戦争推進学会」であることは一目瞭然だ。この学会なら「反対はしないだろう」というのが村田の言い分だ。

それはたぶん正しい。この学会は「戦争をしたくてしたくて仕方がない」連中の寄合なのだから。では、「日本平和学会」に対しても村田が中央公聴会で発言したのと同じ内容を語れるのか。「憲法学会」に対してはどうだ。

新島襄《じょう》の「良心」は「学生を戦場に送るのに熱心な学長」を許すのか？

村田が大学長の地位にあった同志社大学は新島襄が設立した「リベラル」を学風とするキリスト教主義に立脚する大学だった。ＮＨＫ連続ドラマ『八重の桜』で描かれたように、新島襄と新島八重が設立し「良心教育」に力を注ぐ歴史を持った大学だった。

昔はそうだった。しかしこの村田の言動は一体どう表現すればよいのだろう。大学長が「戦争推進法案」に積極的に賛成するということは学生に対して「戦争へ行け、戦場で人殺しをして来い。もしくは殉死して来い」と言っているのに等しい。あらゆる屁理屈を並べようと村田のこの発言は絶対に許されるものではない。大学人として万死に値する。「学生を戦場に送るのに熱心な学長」など殺人者と変わらない。

私は当時原稿を書きながら指が震えるほどの怒りを感じたものだ。ただ同志社大学長の戦争肯定だけではなく、日本の私立大学の学長が白昼堂々と国会で「戦争推進法案」に賛成の意を示す。その根拠に「安保の学会なら反対はしない」などという低レベルな詭弁を使う。村田は自称政治学者だが最低限の良心すら持ち合わせない人間であることが明らかになった事件であった。

同志社の教職員、学生諸君はこのような人間を学長のまま放置するのか。否、同志社大学だけでなく、日本中の大学関係者は村田のこの蛮行を黙認するのか。私の指の震えは増すばかりだ。村田晃嗣を人間として絶対に許せない。

同志社大学の広報課に電話してみた！

それにしても村田の発言を同志社大学はどう考えているのだろうか。広報課の植村巧課長に電話で話を聞いた。

田所　午前中の中央公聴会で村田学長が安保法制に賛成の立場の発言をしたが問題を感じないか。
植村　発言は個人としての意見を述べたものであると考えている。
田所　大学の学長が国会の委員会で発言する内容が「個人としての意見」というのは無理がある。そんな詭弁は世間では通用しない。現に複数のマスコミは「同志社大学長」村田晃嗣氏の発言と報じている。しかも発言内容は「戦争を可能にする」法案への賛成意見だ。違和感を覚えないか。
植村　確かに問題化する恐れはあるとは思う。
田所　あなたは今審議されている法案が「戦争を可能にする」法案である、と認識しているか。
植村　それはそうだと思う。
田所　それでも呑気な応答をしていられるのか。大学の使命は学生を守ることではないのか。
植村　それはその通りだ。

田所　大学の学長が国会で「戦争を可能にする」法案に賛成意見を述べたことなど戦後の歴史にはない。同志社大学として問題だと感じないか。
植村　だから、先ほど申し上げた通り「個人としての発言」という認識だ。
田所　あなたは大学職員として恥ずかしくはないのか。「戦争推進」を公聴会で明言した学長の下で呑気に仕事をして学生に申し訳ない、恥ずかしいとは思わないのか。
植村　…………。
田所　村田氏はイラク戦争の際にも当時の川口外相を招き派兵を正当化する講義をさせた前科がある。今回の発言とつながっているのではないか。
植村　あの時は個人的な企画で…………。
田所　違うだろ。法学部が決定した正式な大学行事だったのではないか。
植村　法学部の行事ではあった。
田所　ならば個人的な企画ではないではないか。同志社大学は戦争を推進する大学なのか。
植村　そうではない。

田所　ならば、国会で学長が「戦争を可能にする法案」に賛成の意見表明を行ったことは極めて大問題ではないか。

植村　執行部で対応を協議することになると思う。大学へなんらかのマイナスはあるかもしれない。

田所　総長の大谷實氏（現在は交代）は地元で「戦争に反対する」運動に名前を連ねているが矛盾しないか。

植村　それも個人的な意見表明ではないか。

田所　新聞報道では同志社大学総長大谷實と肩書が書かれている。だいたい大学の学長や総長が公的な場所で発言をする時に「個人的な意見」だと断ってもそんな理屈は通じない。彼らは「公人」だし、公の場での発言は常に「学長」「総長」の発言と理解されるのが普通の感覚だ。

植村　意見としてうかがっておく。

田所　意見ではない。大学学長の公式発言としては「戦後最悪」だと私は呆れている。同志社大学は村田を学長から解任すべきだ。そうでなければあなた方全員が「戦争法制加担責任者」と見なされることを心すべきだ。

植村　意見としてうかがっておく。

役人風の緊張感の欠片もない問答だった。最悪の学長を抱いた同志社大学に学ぶ学生と心ある教職員が不憫でならない。しかし同志社関係者が村田を学長から引きずり下ろし、謝罪を述べさせることができれば、この最悪の「不名誉」を回復する道はある。学内で大した問題にもされないとすれば、残念ながらもうこの大学には存在意義がまったくないと断ぜざるを得ない。

同志社大学理事会に反省なし！

2015年7月の国会衆議院特別委員会で「戦争推進法制」賛成意見を述べた村田学長発言をめぐって7月16日、同志社大学の理事会が審議を行った。その場で村田から国会での発言は「あくまで学者個人としてのもの」であったことについて弁明がなされ、いくつかの疑問意見は呈されたものの、理事会としては「村田発言」を「納得する」との結論に至ったと同大学広報課の高阪は述べた。

「公序良俗に反しない限り、各教員の考えに介入しない」（同志社広報課）

「村田発言」についてはいち早く「同志社中学校教職員有志」から発言内容を厳しく批判する声明が出された他、「同志社大学教職員有志」「同志社大学学生有志」らから非難の声明が相次いでいた。私の取材に同志社中学の先生は、「教職員全員というわけではないが、ほとんどの教職員は怒り心頭です。毎日生徒を目の前にしている私たちは村田氏の発言を絶対に許すことはできず、辞任させるまで頑張ります」と語っていた。

同志社中学校の先生たちの真っ当さに比べて、同大学理事会のたとえようなき愚劣振りはどうだ。「村田発言」を不問にするという、大学としては「自殺行為」に等しい愚かな判断だ。理事会に限れば、もうこの大学は「戦争翼賛大学」と言われても仕方がないだろう。

広報課の高阪は「本学は各教員の考え方を尊重するという基本姿勢なので、公序良俗に反しない限り、各教員の考えに介入することはない、というのが基本姿勢です」と語った。驚くべきことに、同志社大学においては「戦争推進」が「公序良俗」に反しないということらしい。なんたる想像力の欠如と、「知」の摩耗であろうか。

一体同志社大学における「公序良俗」とは何を意味するのか。同志社大学は学生のバイク通学を禁止している。違反学生は小さいけれども「公序良俗」を乱した者とされるのだろう。数年前同じ学校法人である同志社女子大学に勤務する職員が同僚を殺すという事件があった。これは間違いなく「公序良俗」違反だろう。

「集団的自衛権」行使は、有責者の「外患誘致罪」に値しないか？

なら戦争はどうなんだ。刑法には「外患誘致罪」という罪がある。「外国と通謀して日本国に対し武力を行使させ、又は、日本国に対して外国から武力の行使があった時に加担するなど軍事上の利益を与える犯罪」である。現在、外患誘致罪（刑法81条）や外患援助罪（刑法82条）などが定められており、刑法第2編第3章に外患に関する罪として規定されている。

この罪で有罪になると、誰ひとり殺していなくても刑罰は「死刑」以外はない。「外患誘致罪」は外国の軍隊や武装組織を日本に招き入れることを前提とした刑罰だが、この条文だけ読めば「集団的自衛権」行使だって結局同じ結果を招くのではないか。「外国」を「米国」と置き換えれば日本に戦火がおよんだ時の有責者は同様に罰せられないとおかしくはないか。

近代の戦争で「侵略」を旗頭に行われた戦争などない。戦争は常に「解放」や「自由を守る」、そして「自衛」といった一見理のありそうな「美名」の下に口火が切られる。大学で国際関係・国際政治を教えている教員ならばこの程度のことは最低レベルでも知っている。

そんな最悪の事態をわざわざ招き入れようとする与党の「戦争推進法案」に賛成することを、しかも学長が国会で「あくまで個人的な意見だが」といえば免罪されるとする同志社大学の「個人の自由」概念には論理や理性の欠片もない。あるのはこの時代にまったく抗おうとせず、諸々とルーチンワークをこなし「善良な教職員」を演じ切りたいとする、人間として最低の自己保身だけだ。

表現も見当たらないような惨憺たる事実を見詰めながら、同志社内部で声を上げる良心的な人々を精一杯応援してゆきたい。

村田晃嗣「学長選挙落選」直後の「大学職員逮捕」

2016年1月19日、同志社大学の幹部職員を始めとする6名が逮捕されたと報じられた。容疑は廃棄物の処理方法に関することだと言われているが、この程度で大学の職員が令状逮捕されるのは極めて異例だ。テレビでは被逮捕者も含め実名報道がなされている。思い起こしてほしい。この年の同じ月に起こったカレーチェーン店（壱番屋）の廃棄カツ・処理物廃棄問題との際立ちを。

この逮捕劇には必ず裏がある。この程度のことで令状逮捕を強行する裏にあるのは「政治的」理由に他ならない。前年「戦争推進法案」に賛意を国会で表明した村田を、同年

11月に同志社教職員が学長選挙で落選させたこととの関連はもちろん不明だ。

かなりの注意深さを持って推移は見守られるべきだ。水谷誠理事長が「今後このようなことがないように注意する」とコメントを発しているが、被逮捕者は依然、起訴されていない（後に、理事長と課長だけが罰金刑）。実はこの事件で逮捕された人の中に、偶然私の知り合いがいた。逮捕・勾留などとは縁遠い人柄だったので、せめて差し入れや面会に行こうとしたが、どこに勾留されているのかもわからず、そもそも「接見禁止」（弁護士以外には面会が許されない）だったので、私の心配は空振りではあった。事件後半年ほどしてから私の携帯電話にその人から電話がかかってきた。「事件の時はご心配おかけしました」と申し訳なさそうに謝るので、「そんなことは気にしないでください。それより、職場での待遇や生活に問題はありませんか？」と聞くと、「私はなんにもわからず逮捕されましたから、警察でもそんなに厳しくなかったです。家族も気丈でしたし大丈夫ですよ」と語ってくれた。その人には事件の背景などを聞き出したい気持ちもあったが、平穏に戻った生活を邪魔するのがはばかられたので、話は一般的な範囲にとどめた。

それにしても大小不祥事の絶えない同志社大学であるが、罰金刑に処された当時理事長であった水谷は、現在も定年延長（65歳が定年だが、大学院担当教員に限り、研究科委員会の決議により70歳まで勤務を続けられる制度）で、平然と教壇に立っているという。同志社大学の感覚はどうにも理解しがたい。

京都大学学生が公安警察を取り押さえた！

２０１４年11月４日、京都大学構内に潜入していた京都府警警備第二課の公安警察、井上祐介が学生に発見され、学生が取り押さえ身分確認などを行うという諍《いさか》いがあり、京大当局は警察の行為（学生の行為ではない）を「極めて遺憾」と表明した。学生が潜入した公安警察を取り押さえたのは「極めて当然な行為」である。

「大学の自治」「学問の自由」などについてはこれまでもそれとなく触れてきたけれども、その究極は「大学の国家からの自由」であり、国家の暴力装置たる警察を大学が拒絶するのは、原理的に自明過ぎるほど自明である。

近年、こういった大原則についての不理解や、国家の側からの締めつけ、さらには痴呆化した大学が自ら警察を学内に招き入れるなどという、自殺行為がなんの疑問もなく横行しているので、京大生の行為を正しく理解できなかったり、奇異な目で見る向きもあるようだ。だが、大学と警察の間に本来、親和性はないし、あってはならないのだ。

しかも今回、京大に潜入した公安警察はその2日前に行われたデモで京大生が逮捕されたことに対する抗議集会を探りに来ていたというのだから、学生に拘束されたのは、あまりにも当たり前である。デモにおける京大生逮捕（公務執行妨害）がでっち上げであるにもかかわらず、警察とはかくも陰湿な手を使い学生や大学を監視、弾圧するのである。

「警察は校内に入れない」という常識

同じ京都大学に在籍していた原子炉実験所の小出裕章助教（現在は退官）は、原子炉実験所に前首相・菅直人の訪問を打診され、それを受けたものの、SPがついてくるとわかったため、大学の構内に入れることをよしとせず、勤務終了後に学外で菅直人と会ったそうだ。これも研究者として、「極めて当然な行為」である。

また、小出助教が暮らした職員宿舎は手狭で老朽化しているために、改築工事を行うとの提案が過去あったそうだ。改築すれば1軒あたりの面積も1・5倍程度に増えるので利用者は喜んだが、からくりがあった。同じ国家公務員ということで、「京大教職員宿舎」にもかかわらず、海上保安庁の職員を入居させたいと大学当局は打診してきたという。これに対し、小出助教は「海上保安庁職員はいわば海の警察官だからそんなものは認めることができない」と発言し、住民たちも同意したので、結局改築自体が見送られることになった。このような行為や姿が大学としては当たり前なのだ。

同志社大学は学内に交番を設置した恥ずかしい大学

京都大学の面する「今出川通」を西に2キロ弱の位置に同志社大学がある。この大学のスキャンダルの数々は前述した通りだが、それにとどまらず、2013年4月からはあろうことか、大学敷地の一部を交番に提供している。つまり大学の敷地の中に警察を常駐させているのだ、知を探求する大学の姿勢として「最低レベルの大学」と言わねばならない。交番設置にあたり、大学内では教職員組合が大学執行部に質問を行った程度の議論はあったようだが、はっきりとした反対運動もなく「国家権力の暴力装置」を学内に招き入れている。恥ずかしい大学だ。

原発事故後に大学で原発推進の講義を行うエセ学者に抗議をしたために、学生に「無期停学」処分をくだしたり、大学に対する学生の抗議に対して「営業権」という、腰を抜かすような理屈を持ち出したり、学生弾圧専門の体格のよい専門家を用意して平然と暴力を振るったり、学生の抗議を見えづらくするために不要な工事を行ったり、公安警察を平然と学内に招き入れたりする腐りきった大学がそのうちに出てくるであろう。

と、未来形で語れないのがこの時代の悲劇だ。交番を設置したアホな大学として同志社を挙げたが、西の横綱が同志社であれば、東の正横綱は「法政大学」である。法政大学の教職員は今すぐ京大に出向き、大学の根本を学んでくるべきだ。同志社の教職員もお散歩がてら、１日研修に赴いてはどうか。

私は以前、大学職員時代に公安警察と懇意にしていた旨の文章を第１章で紹介した。それはすべて「警察から情報を引き出し、それを学生に与える」のが目的のゲリラ戦法だった。個人のスタンドプレーともいえる。警察（公安）を騙しても、学生を騙すことは金輪際しなかった。私の行為は決して褒められたものではないけれども、大学存立の大原則は踏み外さないよう意識した。

大学当局が屈した時に大学の存立意義は終焉する

京都大学と京大生の「極めて当然な行為」に対して、いずれ反動の矢が飛んでくるだろう。「東大ポポロ事件」（１９５２年）のように。そして飛んでくる反動の矢は「ポポロ事件」とは比べ物にならないくらい卑劣で激烈なものだろう。しかしそれに抗することを放棄しては大学の存立意義は終焉する。

私は京大生の行為を「極めて当然な行為」と評価する。なぜか。京大には「警察を学内に入れる際には当局と学生の了解がなければならない」とする内規があり、今回の行為はその内規に沿うもので、いわば「ルール通り」の行動だからだ。

京大にこの内規がなければ、目下、学生がやられ放題に弾圧されている他大学のように京大の学生たちも簡単に警察に売り飛ばされたであろう。京大だって当局がいつ態度を翻すかは油断ならない。京大には内規があるものの、今や良心的な教職員は少数派だからだ。この事件の行方からしばらく目が離せない状況だ。

国家こそが究極の過激組織

２０１４年11月12日正午から京都大学で「11・12抗議行動実行委員会」主催による「全学緊急抗議行動」が行われた。京都大学全学自治会同学会が中心となり、様々な大学の旗や団体の旗がはためく集会だった。

制服姿の高校生も長時間、耳を傾けた

同学会の学生諸君にお目にかかるのは初めてであったが、現在、日本や世界についての状況分析からデモにおける学生の不当逮捕、それに続く京都大学への公安警察侵入を捕捉した意義と問題点などが基調演説で語られた。うんうん。最近の現役学生にしては非常によく勉強しとるわい、と感心させられる（こんな表現は失礼か）。続いて各団体の発言となり、熊野寮や学部自治会、丸っ切りの個人からの発言も相次いだ。学生だけでな

く労働団体や市民団体も参加していた。

ざっと見渡したところ参加者は主催者発表で300人、警察発表で70人というところであろうか。印象的だったのは制服姿の高校生が長時間集会に耳を傾けていたことだ。

京大全学自治会が所属する「全学連」委員長も駆けつけており、元気のよいアピールを行っていた。別の学生は「きょうもこの中に公安がいると思いますけど」と冗談交じりに発言した。私の後ろにはちょと怪しいスーツ姿が2人いたが一瞬彼らはたじろいだように思う、勘違いかもしれない。

学生に「過激派」のレッテルを張る国家こそ、究極の過激組織

そして私は思いを巡らした。目の前で発言する学生は「戦争に向かう安倍政権を許せないし、それに対抗する学生を逮捕する弾圧は許せない」、「日米ガイドラインの見直しと特定秘密保護法の施行が迫っている。この国は戦争に向けてまっしぐらだ」、「なぜ、大学との約束を破り大学に潜入した公安を拘束したのが『行き過ぎ』と言われ、逆に、なんの暴力も振るっていないデモ参加者を引きずり倒して逮捕するのが正当化されるの

か?」「『過激派』だからというが、どっちが過激なのか?」と。

最後の発言は、ここ20年ほど私の頭の中で行きつ戻りつしてきた疑問でもあった。警察や公安調査庁は「過激派」「極左暴力集団」と呼ぶけれども、ゲバ棒どころかヘルメットすら被らなくなった、彼らのどこが一体「過激」なのだと。私は特定党派の擁護をしているのではない。むしろ彼らにはある種の歯がゆさすら感じる。無責任の誹りを恐れずに言うなら「革命」に相応しい行動をしてくれよな、という内心がないわけでもない。いやダメだ。こんな発言に私は1ミリも責任を持てない。

だが、断言できる。レッテル張りで「過激派」「極左」という警察用語を恥もなく用いる、あるいは疑わない新聞記者やマスコミの連中の頭脳のほうが「反動に乗じる」という力学の中でよほど「過激」であることを。およそどれほどの動員力や資力を保持しようとも、この国において「国家」を超える「過激派」など存在し得た歴史はない。国家こそが戦争を、死刑を、資本を、些細な公務執行妨害（ほとんどのケースはでっち上げ）を独占し得る、究極の過激組織ではないのか。

15年足らずで蔓延した御用マスコミと御用文化人

例えば、その補完機能として日本テレビ系列に最低クラスの情報番組として『バンキシャ』という番組がある。この番組に出るコメンテーターは全員御用学者か、検察出身の弁護士、あるいはお目出度い御仁で「早く国粋主義を！」と主張する連中ばかりだ。

そこに作家で法政大学教授の島田雅彦が登場したことがあった。島田の名前が世に出たのは『優しいサヨクのための嬉遊曲』（1983年）だった。「この弱虫め、お前のような奴が敗北を呼び込んだのだよ」と若気の至りに怒りながら読んだ記憶があるが、番組の中で島田は「公安の人たちが容易に身分がわかってしまうと職務上問題があるんじゃないのか」と発言をしている。島田の発言を正確に訳せば、「公安の人たちはもっと身分がわからないようにして職務を遂行すべきです」となる。こういう破廉恥を平然とのたまえるから『バンキシャ』に出演できるし、「島田は所詮そんな人間だ」と出演させる側も安心している証拠を、島田は生放送で語ったのだった。

かつて「オットセイの体にサメの脳味噌」と比喩された森喜朗という首相がいた。森は彼の7年後に首相となった麻生太郎と同程度に日本語が苦手なので失言を繰り返し、最後は支持率が一桁になった。森と比べて安倍晋三の支持率はたぶん実質の10倍以上水増し操作されている。ありがたくも賢く相成ったマスコミのおかげに他ならない。

京都大学の帰路の立て看板に、学生サークルが青山繁晴の講演会を開くという宣伝があった。私が知る限り「安全保障の専門家」を自認する青山は共同通信勤務時代に海外出張の際、経費をごまかした咎で自主退職に追い込まれた輩だ。「テレビアンカーでおなじみの！」（現在は自民党参議院議員）と学生は青山をテレビ出演の実績で讃えていたが、京大に合格する能力があっても青山の吐く明白な嘘と恫喝の羅列の本質には思いが至らないのか。その点ではこれも「過激」な現象だといえよう。

ことに戦争に向かう方向性においてはわれらが偉大なる首相、安倍同志が畏くも「解釈改憲」という妙案を用いて近道を作り出してくださった。その安倍同志がまもなく憲法改正に打って出るという。消費税が8％になり、大臣が金銭疑惑で辞任しようが、景気が冷え込んでもなんてことはない。マスコミは順風満帆、いつでも安倍同志の露払いであり懐刀だ。

過激なのは、公安を取り押さえた学生なのか？　それとも時代なのか？　この問いは重い。

京都大学に「報復」する警察

２０１４年年11月13日、先の記事で私が予想した通り、京都大学への「反動」攻撃が始まった。学生寮である熊野寮に、多数の公安警察と１６０人の機動隊（日本テレビによる）が捜査の名の下「侵入」した。

捜査令状はこの年の11月２日、東京のデモで公務執行妨害で逮捕された学生の家宅捜索を口実にしているようだが、公務執行妨害は、計画的犯行に適応されることは稀であり、仮に学生が警察の主張通り機動隊をデモの際に引っ張ったり、押したとしても、そんなものを計画した証拠などが熊野寮の中にある道理がない。だいいち公務執行妨害程度の嫌疑で京都府警ではなく、警視庁が出動してくるのはかなり異例の事態だ。

屈辱の暴走――警察が学生を引きずり倒す

そもそも、至近距離から逮捕の状況を撮影したビデオを観ると、明らかに警察が学生を引きずり倒している。これは公務執行妨害ではなく、特別公務員暴行陵虐罪（警察官などの暴行を裁く法律、最高刑は懲役７年）に該当する行為ではないのか。京都府警警備第二課の井上祐介が京大内で取り押さえられたのが、警察には耐えがたい屈辱だったことの反証だ。

でも、私が驚いているのは警察の行動ではない。世には「暴力団」と呼ばれる集団があるが、大雑把に分けると２種類に区別できる。民間人で構成され、時に「ヤクザ」と呼ばれる人々と、公営（税金で賄われた）の「警察官」と呼ばれる連中だ。「ヤクザ」は、時に包丁を持っているだけでも銃刀法違反で逮捕されるが、警察官は拳銃を携行していても決して捕まらない。

民間の「ヤクザ」は常に悪事を働くと報道され、多くの市民は恐れているのに対して、公営の「暴力団」である警察官は常に「正義の味方」であるような誤解がある。だが、民間・公営双方組織の原理原則に変わりはない。それは「暴力と恐怖」による支配だ。警察官が暴力的であるのはヤクザが刺青をしている程度に普通のことなのだ。

30年前の映像を流し、「現場は混乱」と叫ぶ日本テレビ

私の「暴論」は平安な暮らしをしている善男善女の皆さんには奇異に聞こえることだろう。だが、当日、日本テレビで流された映像の中でアナウンサーが語った言葉の端々には大いなる「誤り」が確認できた。

熊野寮前からの中継映像の中でアナウンサーは「たくさんの公安の方が」とか「機動隊の方々が」あるいは「部隊の方々」と敬語用法上明らかに誤った発言を繰り返していた。

公安や警察官、機動隊はそれ自体が職務の名前なのでよほどの敬意を払う時以外には「公安警察」「警察官」「機動隊（もしくは機動隊員）」と呼ぶのが妥当だ。だが、このアナウンサーは本心を吐露してしまったのだろう。それはどういうわけか通常では事前に知る由もないガサ入れ現場に、事前から待機していた日本テレビを含むマスコミ各社の人間の共通した声かもしれない。警察＝「善」、学生＝「不届き者」という救いがたく、理に堪えない低劣思考である。

私はマスコミが警察のリークにより、ガサ入れが行われることを事前に知っていたと確信する。

アナウンサーは「現場は大変混乱しています」とも繰り返した。それは当たり前だろう。例えば、いきなり数十人の暴漢たちが理由《わけ》もなく侵入しようとすれば、普通はドアを開けないだろう。それでも暴漢たちが怒号を発しながらドアを開けようとすれば、内側からドアを開けられまいと必死で抵抗するのではないか。

その光景をテレビが中継していて、「現場は大変混乱しています」と報じられたらあなたはどう思うだろう。「混乱」を引き起した責任があなた（もしくは双方）にあるような報道をされても平然としていられるだろうか。アナウンサーが「暴漢の方々が次々と集結しています」と報じたら、テレビを蹴飛ばしたくなりはしないか。

日本テレビのアナウンサーが熊野寮前から中継で発した言葉は、提示した例と何変わらぬ光景である。価値観が根本的におかしいと思う。

そして、その光景をいかにも深刻そうな顔をして覗き込んでいるコメンテーターの中に元防衛大臣の森本敏の姿があるではないか。自民党をこよなく愛し、改憲の必要性や日本の軍事大国化を熱心に説いていた森本は民主党政権からお声がかかると、これ幸いと防衛大臣の椅子に収まった人間だ。この軍国主義者（かつ変節漢）をコメンテーターとして出演させる番組の司会は「原発が止まったら江戸時代に戻っちゃうじゃないですか」と発言した宮根誠司だ。こんな連中からまともな（少なくとも中立な）コメントがなされる道理がない。宮根がなんの恥じらいも反省もなく司会を務める番組は、中継映像の後に30年前の三里塚闘争（成田空港建設反対闘争）の際の映像を流し、学生たちがあたかも現在も暴力行為を続けている集団かのように宣伝した。

「アラー怖いわね」と事情を知らない視聴者はまたしても権力の思う壺、「学生は過激派だから仕方がないわ」と世論誘導されてゆくのだろう。しかし、見逃してならない事実がある。日本テレビは、学生の一部が所属する組織の暴力性の証として約30年前の事件を提示することしかできていない点だ。30年前に、今熊野寮にいる学生は生まれていなかった。そしてそれ以降、彼らの一部が属する組織が「暴力的事件」を起こしているのなら日本テレビは必ず最新の事件を扱ったに違いない。しかし、そのような映像は準備できなかった。なぜならそれ以降、マスコミが喜ぶ「暴力事件」自体がないからだ。

私はテレビを観ない。この習性はかれこれ30余年になる。今まで人に勧めたことはない。でもこの時代にはそうしてもいいかな、と少し感じている。

京都大学も学生を弾圧するようになった

２０１７年11月25日の朝日新聞によれば、京都市は京都大学に対して同大学吉田キャンパスの立て看板が「京都市の景観を守る条例」に違反する旨の行政指導を行っているという。

京都大学もいよいよ来るところまで来た

「京都市の景観を守る条例」、つまり屋外広告物法を使うとはまた姑息な言い訳を探し出したものだ。「自由な学風」と言われた京都大学も「大学総右傾化」に漏れず、いよいよ学生自治の最終的破壊に取りかかり始めた。

京都大学では２０１５年10月に半日だけの「バリケードストライキ」が行われたが、それに関わった京大生は、まず無期停学になり、次いで「退学処分」になった。京大生、学外者を含めて、京大には氏名を明示して「京都大学敷地内への立ち入りを禁止の通告」と仰々しい貼り紙がある。この手の氏名まで特定しての「立ち入り禁止」のお触れは、明治大学で目にしたことがあるが、たった半日の「バリケードストライキ」で退学プラス敷地内立ち入り禁止処分を出すとは、京大もいよいよ来るところまで来たと言えよう。

現在の山極壽一京大総長は霊長類の研究者として知られており、総長就任の直前に元京大教授だった方にうかがったら、「山極は本物のゴリラですわ」と好意的に評価されていた。どちらかといえば政治とはあまり縁がなく、純粋な研究者との印象が強かったようだ。だが彼個人の思想がどのようなものであるかはともかく、京大における管理強化、学生弾圧はその内容と速度を急速に増している。

京大だけでなく、全国の大学で大学自治の喪失、「産学共同」の名の下に大企業の学内侵入（あるいは招聘）はもう当たり前のように進行しているので、学生に「自治」や「権利」などと話をしてみても反応するのは100人にひとりいるかいないか、というのが今日の状況だ。純粋な表情で無垢そうな体の細い若者たちは、全体におとなしく、声が小さく、選挙権を得ると自民党に投票する傾向がある。

そこに持ってきて、市の屋外広告物等に関する条例を引き合いに出すとは、京大当局と京都市の連携が何恥じることなく愚かな方向に邁進していることの証だ。京大当局の本音は「学生自治を完全に破壊しつくして、学外からの研究費獲得のためのよりよい環境作りを進めたい」。そこで「京都市さん、一肌脱いでもらえまへんやろうか」だ。京都市は「簡単なことどす。任しておくんなはれ」と「景観を守る条例」を引き合いに「京大はん、ちょっと立て看板なんとかなりまへんやろか？」と京都伝統の中で最も悪い部分を丸出しに「芝居」を打つ。

見え見えだ。京都にしばらく住んでみれば行政と地域や市議会と企業などの関係で、京大と京都市の間で繰り広げられる「芝居」のようなことがしょっちゅう起こっていることは勘の鋭い人ならすぐにわかる。

大学のＩＴ化は健全化なのか？

京都は狭い盆地の中に多くの大学が集中し「大学のまち」と呼ばれることがあるほど学生が多い。近年観光旅行客の増加で影が薄くはなったが、京都市内の大学生人口比率は相当高く、学生がいることを前提に成り立っている商売（主として賃貸マンション）も少なくない。一時は大学の郊外志向時代があり同志社大学や立命館大学などの私立大学は京都市外に広いキャンパスを求めたが、東京でも都心回帰が起こっているように、同志社は文系学部をすべて元の（今出川）キャンパスに戻したり、京都学園大学（名前は京都学園だが所在地は亀岡市だった）が念願の京都市入りを果たしたりと、市内への流入を目論む大学も少なくない。

それにしても大学の「景観」や美しさとは、立て看板ひとつない、貼り紙ひとつない、学生活動も低調で、入学したらすぐに「キャリア」という間違った英単語で指導される「就職活動に目が向けられる様子」にあるのだろうか。新しく建てられた大学の教室にはLANケーブルの端子とコンセントが標準装備された机を目にする。当然パソコンの利用を前提としてのことだ。私にはあの設計が、「本来の大学のありようの放棄」に思えて仕方がない。講義中にパソコンを開かせる大学教員の神経がわからない。

講義中のパソコン使用は、工学や電子工学など一部の理系講義を除けば、わからない意味をインターネットで調べる「カンニング」の推奨であり、「考えること」「調べること」を放棄させているのではないか。もっともパソコンを使わせなくても大教室でのマスプロ講義は昔から真剣な学問の対象とはなりえなかったけれども。そして「景観条例」は企業の宣伝を規制するための条例ではなかったのか。

大学の主人公は「学生」から「カネ」へ

大学の主人公は「学生」であるはずだ。それがいつの頃からか、学生の体だけは確かに学内にあるけれども、本質は「カネ」が主人公の位置を奪い取った。京都大学だけでなく、若者が手なずけられやすくなった時代を歓迎し、安堵している向きも経済界や与党を中心に多かろう。しかし、彼らは必ず高いツケを払わされる運命にある。いやこの社会全体がまもなくとてつもない負債の返済を迫られる。

未来があるはずの若者ならば、どんな状況であろうが「不満」や「不条理」を感じ取るのがヒト種の動物的な生理反応だ。そんなものに国境はない。若者が現状に安堵し、肯定し始めるのは、とりもなおさず社会の後退と終焉への思考なき暴走を意味するのではないか。

第3章

弱る大学にたかる商人たち

学生募集にたかる大学ゴロ

現在、そして未来も大学の最大の課題は学生募集だ。すでに4割に近い私立大学が入学定員を確保できていない状況は報道されている通りだが、受験生の減少と大学側の入学定員の増加という需要と供給の「乖離現象」は今後ますます進展してゆく。

大学の存続に関わる「学生募集」。何か妙案はないものかと大学は「もがく」のだが、違う角度からそれを恰好のビジネスチャンスとして涎を垂らしながら薄笑いを浮かべている連中がいる。リクルートを始めとする「進学情報」を生業《なりわい》とする業界がそれだ。

20人の学生確保に広報支出が6000万円!

各大学の学生募集を担当する部署には、実に多くの「進学情報」業者が営業活動に訪れるし、電話やメールによる勧誘も年から年中引きも切らない。一部有名大学を除いて受験生確保は最優先だから「進学情報」業者とまったくつき合いのない大学はない。

受験生へ無料送付される「進学情報誌」への広告出稿、インターネット上での広告、進学説明会参加など業者が提案してくる広報形態は様々だ。この業界の営業マンは口八丁が身上で、多少の経験則がないと業者やメディアの選択を誤ることになる。戦略を持たない経営者や担当者がこれらの業者に引っかかると、時にとんでもない出費を食らうはめになる。たった20人の学生を確保するために単年度で6000万円の広報費を浪費したのは誰もが知る関西の有名私大だ。担当者の無能が原因だ。6000万円使っても結局目標の20名は確保できなかったという笑えない結論がついてくるのだが、一部私立大学の「どんぶり勘定」はなかなか豪快ではある。

弱小大学にとって広報活動を独自に行うのは人的にも財政的に厳しい。業者なしにはまったく広報活動ができない大学だってある。だから本来ならば大学が行うべき業務を業者がある程度「補完」してくれている側面は否定できない。が、「教育産業」という言葉自体に嫌悪感を持つ者としては連中のやり口の汚さがどうも目につく。

弱小大学には割高過ぎる「合同説明会」

例えば「合同説明会」というイベントがある。フロアの広い会議場などを業者が借り切り、そこへ各大学がブースを出し、受験生に大学の説明を行ったり、質問を受けるという、いわば「大学の見本市」だ。これが、全国いや海外も含めて様々な主催者により無数に行われている。

大学は「参加費」を支払い、広報担当職員や教員が出向く。「参加費」は規模や主催業者により異なるが5万円から50万円ほどが相場だ（有名大学は割安に、弱小大学は割高に価格を提示されることが多い）。そこには当然お客さんである受験生が多数いないと意味はないのだが、悪徳業者主催の「合同説明会」に乗ってしまうと、1日で訪問者が数十人しかいない、しかもどう見てもそのうち何割かは「サクラ」であるということが珍しくない。

20校ほどの大学が出展している「合同説明会」で数十人が訪れても、それが受験に結びつく割合はほぼゼロだ。悪徳業者は会場確保とパーティション、机などの備品用意と見せかけばかりの受験生向け広告を用意するだけで丸儲け、閉会間際に「予想を下回る来場者で申し訳ございませんでした」と用意をしていたアナウンスをすれば任務完了というわけだ。

そんな「合同説明会」に参加を決めてしまう時点で、大学の程度が知れるというものだが。口上を変えながら大学から広報費を引っ張り出す、巧妙な悪徳業者にとっての「おいしい」時代が当分続くのだろう。

「合同説明会」の中には「日本学生支援機構」（実質的に国の機関）が主催する海外での説明会もある。また東京や大阪など大都市では一度に100校以上が参加する大規模説明会も行われ、来場者があふれ返り、活況を呈しているものもある。この手の大規模説明会は受験生にとってはメリットがある。志望大学の担当者と直接相談をすることができるし、大学案内や願書などを無料で手に入れることができるからだ。

しかし、もとより志願者が少ない大学はここでも割を食うことになる。確かに会場は受験生であふれている。有名大学のブースの前には相談を待つ受験生が列をなす。でも弱小大学のブースにはウィンドーショッピング（ひやかし）しかやってこない、1日ブースで受験生を待ち続けるのは、動かない浮きを眺める釣りのようなものだ。

悪徳「留学生斡旋業者」は顔つきが違う！

よりタチが悪いのが海外からの留学生を斡旋しようと持ちかけてくる連中だ。以前は中国が最大供給源だったが、経済成長と両国関係の悪化によって、最近はベトナムやミャンマーがそのターゲットになっている。

東アジアを見渡せば、日本はもちろんのこと、韓国も台湾も、そして「ひとりっ子政策」で統計上は中国も少子化が進展している。留学生の出身国はかつてこの3カ国で90％以上を占めたが、今や台湾や韓国も国内で日本同様の学生の奪い合い時代に突入している。

留学生斡旋を持ちかけてくる連中はどいつもこいつも胡散臭い。「NPO国際〇〇支援会」と名乗ったり「株式会社アジア人材〇〇」だったり、容姿からして教育業界の人間のそれとは雰囲気が違う。まあ実質的に「人身売買」に手を染めている人間なので当然と言えばそうなのだが。

関西のある弱小短大は学生募集に苦戦のあまり、悪徳留学生斡旋業者に引っかかってしまった。学生担当職員によると、業者は何者かの紹介で理事長に取り入った。中国の奥地まで「視察」の名目で理事長を連れてゆき、接待漬けにして骨抜きにしてしまい、学生募集の業務提携を結ぶ。翌年確かに数人の留学生を送ってきたのだが、学費の半額近くに相当する「紹介料」を支払うはめになる。いくら学生の頭数を揃えても学費を徴収できなければ、経営的には意味がない。それでも理事長に食い込んだ業者は広くもない事務室の中に自分専用の机の設置を要求する。

さらに「学生数確保の重要な鍵を握っている人物だから」という理由で理事への就任を要求し始める。この業者は関西一円で同様のモデルで「ブローカー」として稼いでいるようだが、典型的な「大学ゴロ（ゴロッキ）」と言えよう。

より規模が大きく、最初から確信犯であるのが「大学自体がゴロ」であるケースだ。甲子園で系列高校がしばしば活躍する「ＴＫ大学」は労組委員長殺害のためにヤクザを雇い実行した前歴がある。この大学は少々の記事でも片っ端から名誉毀損で訴えることでも知られているので内実の恐ろしさの割に週刊誌などでも報じられることが少ない。

意外なところでは、センスのいい大学として知られる「ＡＧ大学」の元理事長は財界とのパイプが太く、民主党政権時代には国会議員がおこぼれにあずかろうと日参していたほどの裏社会のビジネスに精通している人物だ。

リクルートの暗躍

今日4年制大学の学生が卒業後一般企業への就職を考えているならば、彼らが勉学に集中できる期間は2年あまりしかない。就職先を見つける活動を遅くとも3年次の中盤には（それでも遅いという説もある）始めなければ、「内定」を得ることは難しい。これが短期大学生になればさらに忙しいことになり、ろくろく勉学をしている時間などない。

大学側は企業経営者連中に対してもう少し常識を持った「採用活動」を要請すべきだと私は思うのだが、そのような声を耳にすることは少ない（一部国立大学が経団連に要請を行ったことはある）。時期が多少ずれはしたけれども、かつては大学と企業の間に「就職協定」と呼ばれる「約束」が一応結ばれていた。例えば「学生の企業訪問解禁は4年生の10月1日とする」といった具合に、就職活動によって学生の学業への影響が出ないように配慮がされていた。水面下ではそれより早い時期に学生と企業の接触があり「青田買い」も起きてはいたが、それでも一定の節度が建前としてはあった。

一民間企業が学生の「就活」を支配する

ところが、なし崩し的に「就職協定」は廃止にされ、前述の通り、今の大学生は２年もかけて「就職活動」をしなければならない。しかもその方法も煩雑を極めている。「エントリーシート」なるフォーマットに自身の情報や志望動機を書き、企業へ提出するところから「就職活動」は始まるらしいが、その後も「ＳＰＩ検査」（正確な名称は「ＳＰＩ総合検査」）、筆記試験を経てようやく面接にたどりつく。面接は大企業なら最低３回はクリアしなければならず、学生が「内定」を得るのは苦行とも言える。またそれに要する費用も大きな負担となっている。

しかしこのような形態での「採用活動」や「就職活動」は自然発生的に定着してきたわけではない。ここまで私はあえて使わなかったのだけれども、学生の間で「就職活動」が「就活」と呼ばれるようになって久しい。私は日本人が不要と思えるほどに言葉を略して使う傾向があると以前から感じていたが、「就職活動」を「就活」と言い換えるのはまさにその典型だ。そして自然発生ではない「就活」方法および言葉としての「就活」は「リクルート」という一企業によって操作され作り出されたものだ。

「SPI検査」という「士《さむらい》商法」

大学生には入学直後から就職を意識した「キャリア」指導が行われる。ここで言う「キャリア」も正確な英語の意味から大きく外れている上に、学生がどうして企業の目を意識して学生生活を送らなければいけないのか頭をかしげてしまう。そして多くの大学で行われている「キャリア」指導は的が外れている。企業就職を目指そうが、学者を志そうが大学時代に経験しておくべきは、最低限基礎的な学問であり、自分の興味を持つことに時間を割き、打ち込むことだ。1回生にとって「企業研究」や経済のにわか勉強などまったくと言っていいほど不要である。そんなものにしか興味の持てない学生は結果として希望するような就職はできない。

それにしても「リクルート」の罪は大きい。進学情報の根本を握っている同社はもともと教育機関をメインの顧客に想定していたが、その対象を学生と企業にも広げ、両者の最も敏感である「採用活動」=「就職活動」を新たな儲けのターゲットとした。学生は「リクルート」を儲けさせているという意識はないのだが、前述の「SPI検査」を実施している母体は実質「リクルート」である。この試験が近年相当な存在感を持ってきたために、採用活動においては企業だけでなく地方公共団体も利用している。書店に行けばわかるが「ＳＰＩ検査」対策の書籍が膨大に出版されている。

大学でも「ＳＰＩ対策講座」などが行われる。テキストを販売しているのは「リクルート」だけではないが、これだけ「ＳＰＩ検査」が社会認知を得ると受験対策テキストからの収入だけでも相当な儲けになろう。

「士商法」と呼ばれる手口がある。通信教育で資格取得を目的に教材を販売する商法だ。資格の多くには「税理士」や「行政書士」のように末尾に「士」がつくので「士《さむらい》商法」と呼ばれている。過去幾度も社会問題化しているこの商法、適当なテキストだけ作って売っておけば儲かる仕組みだ。

試験の実施母体が、この「士商法」を利用すればどうなるだろうか。試験を実施する企業や地方公共団体からは「試験問題」料金を徴収できるし、それを受験する学生は準備のためにテキストを購入する。テキストだけでなく「ＳＰＩ検査トレーニング」を謳うセミナーなども開かれており、中には参加費が20万円以上するものもある。

加えて「エントリーシート」はインターネット上で行われるのだが、そのフォーマット自体を特定サイトからしか記入できない仕組みを採用している企業が多い。そのサイト名は「リクナビ」、これまた「リクルート」である。企業も大学も学生も「就職活動」に関わる行程を「リクルート」に支配され、加えてリクルートはその過程ごとに儲かる仕組みになっている。

リクルート商法と巨大利権の闇

リクルートは江副浩正元会長が贈賄で逮捕された過去を持つ会社だが、「就職活動」に関わる「リクルート」の過剰ともいえる支配と商法は明らかにあくどい。単に露骨な金儲けに走っているだけではなく、学生生活の貴重な時間を奪い不要に長い「就職活動」を強制していることも許しがたい。

一民間企業の過剰支配にどうして厚生労働省や文科省は勧告や指導をしないのであろうか。また大学側もなぜ声を上げないのだろう。巨大利権の裏に常に横たわる「政治」がここでも暗躍しているのではないかと疑われても仕方がなかろう。

国立「人文社会科学系学部」ではなく、まず文科省を廃止せよ！

ついに文科省が大学へ最終恫喝を始めた。2014年8月、文科省から全国の国立大学へ、「教員養成系、人文社会科学系学部の廃止や転換」が「通達」されていた。これは2013年6月に閣議決定された「日本再興戦略」を受けて策定された「国立大学改革プラン」から作られたものだ。

「人文社会科学系学部」の廃止とは、つまるところ「考える学問をやめろ」と言っているに等しい。学問に冠される名称は今日やや過剰なほど細分化、多彩化しているけれども、太古の昔に立ち戻ればすべての学問は後に「哲学」と名づけられる研究を出自にしている。それが「文学」「芸術」「天文」「数学」と発展してゆき、概ね「人文科学」「社会科学」「自然科学」との分類が行われるようになった。

文科省の言う「人文社会科学系学部の廃止」は自然科学と一部社会科学（金儲けに直結

する社会科学）を除いて、その他の学問を「やめろ」と言っているのだ。「学問殺し」と言っても過言ではないだろう。大学で学問が許されなければそこはもう大学ではない。単なる「国家の要請に応じる労働者製造工場」だ。無茶苦茶もここまで来ると笑うしかない。

そのうち「カジノ学部」が設立されかねない

文科省による「『国立大学法人の組織および業務全般の見直しに関する視点』について（案）」は、学問とは何かを一度も考えたことのない人間が作成したとしか考えられない、読むのも恥ずかしいほど程度の低い内容が満載されている。

「◇組織の見直しに関する視点」では堂々と、

「・「ミッションの再定義」を踏まえた組織改革

・教員養成系、人文社会科学系は、組織の廃止や社会的要請の高い分野への転換

・法科大学院の抜本的な見直し

・柔軟かつ機動的な組織編成を可能とする組織体制の確立」

と、ここまであからさまに文科省の本音が示されると、あまりのアホさ振りにかえっ

てスッキリするくらいだ。文科省は近く経済産業省の傘下に入るか合併されることを望んでいるのだろう。教員養成系、人文社会科学系を廃止すれば、一体どれほどの大学・学部が閉鎖されなければならないか。「社会的要請の高い分野」かどうかで大学の教育内容は左右されるものではない。まもなく「カジノ」を認める法案が成立しそうだが、「カジノ」が一大産業になれば「カジノ学部」が設立されても構わないと言外にこの「通達」は語っている。また、「戦争推進法案」成立の暁には「有事研究学部」などを設置申請すれば喜んで補助金が山ほど出るだろう。

「経済的に苦しくとも国立ならなんとかなる」時代の終焉

教育行政で一貫して大学（のみならずすべての学校）の「邪魔者」であった文科省＝国の本性が、これで誰の目にも明らかになったという点においてのみ、この破廉恥極まりない「通達」は意味を持つかもしれない。続く「◇業務全般の見直しに関する視点」では、

「（1）教育研究等の質の向上

・学生の主体的な学びを促す教育の質的転換

・社会貢献・地域貢献の一層の推進
・人材・システムのグローバル化の推進
・イノベーション創出（大学発ベンチャー支援）
・入学者選抜の改善

（2）業務運営の改善等
・ガバナンス機能の強化
・人事給与システム改革
・研究における不正行為、研究費の不正使用の防止」

とあり、「大学は研究教育機関ではなく営利目的企業」に転換せよと迫っている。ことあるごとに私が批判してきた「グローバル化」はここでも金科玉条だし、「イノベーション創出（大学発ベンチャー支援）」は大学生に学問ではなく「事業を起こせ」、「企業といちゃつけ」と迫っている。そうでなくとも大学法人化以降国立大学には独自の資金獲得が脅迫され、授業料だけでも年額50万円以上に上がってしまっているが、まだ「経営効率化・

企業化」の度合いは足らないらしい。

「経済的に苦しいから私学は無理だが国立ならなんとかなる」というかつての志願者の発想は、この高額学費の前ではもう成り立たない。文教行政にことのほか冷たく、薄いこの国の予算配分はますますその傾向を強化し、「金は出さないのに口を出す」ずうずうしさだけが誰はばかることなく進行する。

「ガバナンス機能の強化」とは学長権限の強化と教授会権限の弱体化に他ならない。企業にたとえるならワタミやユニクロのような「独裁社長制を導入せよ」ということだ。ブラック企業化（すでに一部ではそうなっているが）した大学では、まともに生活ができない給与の人が今にも増して多数現れるだろうことは企業の現状を見れば明らかだ。

「研究における不正行為、研究費の不正使用の防止」とは結構なお題目だ。ぜひ社会や人間にとって害毒以外の何物でもない「原子力研究者」に支給された「科研費」（科学研究費助成事業、研究者の応募から選択して給付される研究費）を全額過去に遡り没収し、その研究自体を取りやめさせろ。

大学に恫喝かけ放題、文科省こそ教育界の「災禍」である

2015年6月には、当時の下村博文文部科学大臣が国立大学の学長らを集めた会議に出席し、入学式などでの国旗や国歌の取り扱いについて、「国旗掲揚や国歌斉唱が長年の慣行により広く国民の間に定着している」などと述べた上で、各大学で適切に判断するよう要請した。

文科省はもう「大学」をかつての「大学」と思ってはいないから、なんでもかんでも恫喝をかけ放題だ。さすがに滋賀県立大学の佐和隆光学長（当時）や京都大学の山極壽一総長、琉球大学の大城肇学長はこの要請に従わない、もしくは棚上げにする旨を表明したが、これほどあからさまでわかりやすい国家による教育現場への介入はない。

「改革」の名は常に錦の御旗で、それに異を唱えると「守旧派」とレッテルを貼られる。でもここしばらく「改革」の名の下に行われた政策で真っ当なものがひとつでもあっただろうか。年金記録が5000万件も紛失して「社会保険庁」は「日本年金機構」と看板を掛け替えたが、「3年で解決する！」と言い放った紛失記録の探索作業はまだ終わっていない。それどころか「切りがないからもうやめます」と小声で言い出したとたんに

125万件以上の情報流出が起きたではないか。

行政は10年先どころか3年先の予測や責任すら取りはしない。いっそう教育界の「災禍」でしかない「文科省」こそ廃止してはどうか。

奨学金地獄と高過ぎる学費——教育貧困国家・日本

日本育英会他5団体が統合され発足した、「日本学生支援機構」が貸与する奨学金がようやく世間でも問題化し始めた。現在同機構が貸与する奨学金には2種類あり、第一種は無利子で、第二種は有利子だ。一種を申請しても少ない枠数に希望者が殺到するため借りられない学生は、有利子で貸与を受けざる得ない。

いずれにしろ貸与開始の際には連帯保証人を立てなければならないし、学費支弁者（多くの場合は親）以外にももうひとりの保証人に印鑑をついてもらわなければならない。債務者は学校を卒業した後の学生本人だが「取りはぐれ」のないように「簡単に貸すが回収（取り立て）も厳しく行く」という体制が出来上がっている。サラ金のようなありさまだ。

「日本学生支援機構の奨学金（二種）＝ローン」という本音

「奨学金」は本来、その語句が示す通り「学びを奨めるための資金」であったはずだけれども、そこに「利息」を付加したことにより性格が大きく変容した。国会参議院特別委員会で当時の中谷元《げん》防衛大臣は「徴兵制」への懸念についての質問を受けた際に、「学資ローンを受けている学生」という言葉で答弁している。舌が滑ったのだ。本当は絶対に口にしてはならない本音が防衛大臣の口から出た。日本学生支援機構の奨学金（二種）は実質的に「ローン」だということを中谷大臣は告白してしまった。

同機構に問い合わせてこの発言についての見解を聞いたが、「奨学金はあくまで奨学金で、ローンとは考えていません」との回答が返ってきた。そりゃそうだろう。実質国の機関なんだから、実態が「ローン」でも「奨学金」と言い張らないと体面が維持できない。

この失言を私は複数の野党議員に伝えたが、その後「中谷教育ローン」発言を追及する質問はなかったようだ。

平均給与所得世帯でさえ借金をしなければ子供を大学にやれない

そもそも、学校に通うのに「教育ローン」を借りなければならない社会とはどんな世の中なのだろうか。高等教育に限れば今日私立大学理系の学費は150万円を超えるし、国立大学だって50万円以上かかる。国税庁によると2016年全給与所得者の平均給与は約422万円らしいが、ひとりの子どもを私立理科系大学にやれば、年間収入の3分の1以上を割かなければならない。

仮にその大学が自宅から遠隔地でひとり暮らしをすることになれば、さらに生活費が少なくとも月に8万から10万はかかるだろう（多くの場合それ以上だろうが）。とすれば平均給与を得ている世帯では、他の資金源（奨学金や親戚知人からの援助もしくは借金）に頼らなければ子供を大学にやることすら無理だという計算になる。年収1000万円で給与所得者としては結構な高給取りの人ですら、子供が3人同時に大学へ通うと生活に余裕がなくなる社会。こんなザマのどこが「先進国」なんだ。何が世界有数の経済大国だ。

高等教育無償のドイツとは雲泥の差

この島国と同じような狂信的な過ちを犯した歴史を持つドイツという国がある。ドイツでは食べ物など日用品の物価は日本より安い。そして大学の学費は無料だ。付け加えれば医療費も無料である。その一方最低時給は全国一律8・84ユーロ（約1170円）だ（日本の最低時給は都道府県別に決定されるが、2017年度は最高でも東京都の958円で、最低は宮崎、沖縄他の737円）。ドイツに限らず欧州の多くの国では高等教育を含めすべての教育機関の学費が無料である。その対極をなすのが英国・米国や日本、韓国などのアジアの国だ。

教育を「国が提供する当たり前の行政サービス」と考えるか、「市場原理で競争させる収益事業」と考えるかの違いが如実に表れる。この時代の日本では、大学に子供を通わせるのは所帯にとって一大事業だけれども、そんな心配や苦労を一切しなくてもよい国が世界には多数あることはもっと知られるべきだろう。それを多くの人が切実に認識すれば、「おい、この社会構造基本がおかしいんじゃないか」と疑問が湧くだろう。

「フロンティアスピリット」だの「自由と民主主義の国」といった虚飾にまみれた修辞

を冠されることがさすがに近年は少なくなったが、矛盾の集約形は米国において明らかだ。「（1％の金持ちと）99％のわれわれ」というスローガンが米国で誕生したのには理由がある。世界一の経済大国であっても、庶民の生活が決して「世界一豊か」ではまったくなく、むしろ「貧困大国」と称されるのが実態であるということだ。だから米国の若い軍人の中には「大学に入学するための資格と資金を得るために」入隊する者が多いし、一度軍人として籍を置いた人々には様々な社会的優遇措置がある。

かような「国のありよう」により近づこうとして、あえて奨学金地獄を放置し、来るべき「徴兵制」の地ならしを政権は着々と進めているのだ。

ろくに内実にも詳しくもないのになんでもかんでも「外国はよい」という「外国かぶれ」の方がいるが、世界はそんなに一様ではない。でもこの島国で大学に行くことは、これほどの経済的負担を保護者にかけ続けている。そして負担がますます増加しているさまはもっと深刻な反発を招いてもおかしくはないのではないか。

国立大学「独立法人化」で国からの干渉が強化された

「欧米」、と容易に西洋諸国を括ってしまうことがあるが、ことに社会保障・福祉に関して、欧州の多くの国と米国には雲泥の差がある。当然欧州の中でもEUに所属していようが、いまいが国ごとにその差があることは言うまでもない。その中でわかりやすい違いは教育への国家の態度だ。教育とりわけ、高等教育に関して英国と米国は比較的政策が近い。そして、この両国を真似ているのが日本であり、韓国であり、台湾、つまり東アジア諸国である（近年はその中に中国も含まれるようになってきた）。

何が似通っているかと言えば、米国、英国やこの島国を含めた東アジア諸国では、高等教育にかかる授業料が個人負担であり、それもかなりの高額であるという点である。それに対してフランスやドイツなどで、欧州でも一定程度以上の社会福祉が築かれている国々では「義務教育から大学院まで学費は無料」が常識だ。学費が無料の国ほど「金も出すから口も出す」と、教育内容に国家の介入が強いかと思いきや、どうやら必ずしもそういった構図は成立しないようで、むしろ「金は出さないけれども口は出す」という図々しい態度のほうが、国家を越えて教育行政には蔓延している。それはこの島国と韓国でことに顕著だ。台湾も追従傾向がある。

補助金「パン食い競争」

例えばかつて、「国立大学」と呼ばれた大学は、正確に言えばもうすでにこの島国には存在しない。すべての国立大学は「国立大学法人」化されている。だから東京大学でも、東北大学でも名古屋大学でも正式名称には「国立大学法人」が頭に付く。この「独立法人化」により、大学の運営の理事会に外部の人間が入るようになり、各地の経済界の人間が大学の間接支配に手を染めることが容易になった。そして今話題の文科省官僚の理事会入りは日常茶飯事である。「国立大学法人」としては理事会に文科省の人間を置いておけば、何かと便宜も図ってもらえ、情報の入手も容易になるであろうと、スケベ根性を出し大学運営(あえて経営という言葉は使わない)の座に文科省の人間を据えているのだ。

それで何か得策になるのか、といえば「皆無」である。交付の根拠が定められている文科省からの補助金は、融通を利かすことなどできはしないのだ。

そして時々のトレンドに合わせ、「時限立法的」に設けられる補助金の獲得は、「どれだけ国策に従順か」の競争である。億単位の補助金は、大学にとって魅力的でないはずはないから「パン食い競争」のように、補助金を得ようと大学は必死になり、中身の空疎なプログラム作成や、カリキュラム新設に汗を流す。

情けないことこの上ないありさまだが、国立大学法人においては年々補助金が減額され、首根っこを押さえられている状態では、研究費を得るためには、なり振り構っていられないという事情もある。だから本論からは逸れるけれども、防衛省が研究費を支給（実質的な軍事研究に加担）する、とアナウンスすると、これ幸いと多数の大学が手を上げたのだ。金の前には「科学の果たすべき目的」や「大学の役割」といった、根源的な問題はまったく考慮されることがなかった、と言っていいだろう（多少の内面的逡巡はあったのかもしれないが、そんなものは言い訳にならない）。

「商人」の発想で大学が動く

「独立法人化」したということは、「国立大学」時代に比して、国からの干渉が減らなければおかしいが、事態は逆を向いている。これは私立大学においても同様だ。文科省がつきつける「要らぬお世話」は年々増すばかりで、私立大学の教職員は講義や研究という本務と無関係なところで、雑務の激増を強いられている。

しかも「大学の自治」や「国家からの大学の自由」などという言葉は、哲学書の中にでも封じ込められた状態だから、大学側から文科省への異議申し立てや抵抗はなきに等しい。ろくな餌ももらっていないのに、なぜそこまで卑屈にならなければいけないのか。

日常業務多忙の中で私立大学内部において「大学の自治」や「国家からの大学の自由」が、本気で語られることはない。テレビに出てしおらしく「リベラル面」をしている田中優子が学長の座にある法政大学などは、その悪例中の悪例だろう。学生の自治活動を年中弾圧し、常時学内に多数の警備員を学生の自治活動排除のために配備し、公安警察の学内徘徊も歓迎する。こんな大学はもはや大学を名乗る資格はない。

「独立法人化」した国立大学、私立大学の内実は惨憺たるものである。終焉を迎えることが確実な「資本主義」の競争原理を、教育・研究の場に導入すれば成果が上がる、と考えるのはカネの勘定しかしたことのない商人《あきんど》の発想で、学問とは相容れない。すでに各種の世界大学ランキングで東京大学や京都大学の凋落が明示されている。現在の延長線上に高等教育機関を位置づけ続けるのであれば、その傾向にはますます拍車がかかるであろう。

もはや、この島国の大学には「大学生」と呼ぶにふさわしくない学徒が半数近くを占めている。その深刻さこそ直視されるべきだ。

「教育無償化で改憲」は寝言――大学を80年代の環境に戻せばよし

教育無償化実現に向け、自民党内の議論が活発化してきた。財源に関しては、使途を教育に限定する「教育国債」発行案に加え、社会保険料を引き上げ、児童手当を上乗せ支給することで実質的な無償化にする「こども保険」創設案が浮上。無償化の対象をどうするかも課題となるが、憲法改正に向けた思惑も絡み、意見集約は見通せない。

屁理屈と思惑ばかりの「大学無償化」議論

「教育国債」は安倍に近い下村、馳浩両元文科大臣が発案。総裁直属機関の下に「恒久的な教育財源確保に関する特命チーム」を設立、導入を検討している。

国債に頼ることで現役世代の負担増を回避できる一方、将来世代に借金を先送りすることにつながる。無償化の範囲については、大学などの高等教育に重心を置くが、それだけで数兆円単位の財源が必要とされる。

一方、「こども保険」は、小泉進次郎議員らによる「2020年以降の経済財政構想小委員会」が発案。働き盛りの若い夫婦らへの支援を念頭に、保育・幼児教育を無償化する内容で、想定する対象が下村らと異なる。

よくここまで屁理屈を考え出すな、と感嘆する。でも、そうでありながらあまりにも見え透いていて、本音が丸出しの浅知恵だなぁと、罵声のひとつも飛ばしたくなる。

今更何を朝令暮改の妄言を自民党が語りだしたのか。それはあまりにも切実かつ、急を要する大学学費の高騰による、社会的弊害の広がりと、学費支弁者（基本的には親）の悲鳴を無視できなくなったことが、表面上の理由だ。しかし、一部議員の本音はそこにはない。下村や、当時はまだ民進党議員だった細田豪志が言うように、「改憲後の憲法にそれを書き込みたい」という、馬鹿もたいがいにしろ、としか言いようのない、罵倒するにも形容詞や語彙が見つからないほどの薄汚い思惑も包含されている。

学費値上げで不要だった「改憲」がなぜ、値下げで必要なのか?

確かに、日本の大学学費は高い。所得に比しても異常に高い。これは大問題であり、私はなんらかの手段で国公立、私立共々の学費を低減すべきだと考えてきた。しかし、現在奴らが語っている「大学無償化」は私の主張と似ているようで、その実まったく趣旨が異なる。

自民党内では「こども保険」を名目に社会保険料を上乗せするか、「教育国債」を発行して無償化を図ろうとする議論があり、これに大阪維新の会で院政を敷く橋下徹前大阪市長への同意を求めている。さらに下村らは「憲法にそれを書き込んで政策実施を早めたい」と、腰を抜かすようなコメントをしている。細田も同様だ。

何度考えても私の貧弱な語彙から、此奴らを罵倒する適切な言葉が思い浮かばないが、あえて言えば「寝言は寝てから言え」となろうか。どうして大学の授業料を無償化するごときの「政策」で憲法改正が必要なのか。なら、なぜかつてはほとんど無償に近かった国公立大学の学費を年額50万円以上までに値上げするのに「憲法改正」は不要だったのか。単純化すれば連中の主張は、値下げには改憲が必要で、値上げに改憲は不要となる。

そんなものどちらも「改憲」とは全然関係ない。読者諸氏はまだご記憶だろうが、民主党が政権を取った翌2010年、公立高校の無償化を実施した。あの時に「改憲」が話題になっただろうか。「改憲」などまったく話題にならず公立高校授業料の無償化は実施されたじゃないか。

簡単な解決策は「独立法人化」を廃止し、昔の国公立大学に戻すこと

憲法は国のありようや、目指す国家の姿を描くもので、同時に国家権力の暴走を防ぐための最高法規だ。そこへひとつの政権が政策レベルで実行可能な施策を書き込んでいたら、毎年「改憲」をしていても追いつかないだろう。憲法に書き込まなければできない「こども保険」や「教育国債」などを導入しなくとも、まずは国公立大学（法人）の学

費を低減できる簡単な施策がある。

その第一は現在導入されている「独立法人化」を廃止し、昔の国公立大学に戻すのだ。今の国公立大学には「理事会」に経済人が山ほど乗り込んで、「商人」の計算で大学が運営されるようになってしまった。また学長の権限が不当に拡大され、教授会自治もなきものにされている。「学生自治」などはすでに歴史の教科書の中にしか存在しない。「独立法人化」を文科省はまず撤回しろ。そして1980年代以来進めてきた国公立大学への各種締めつけ政策をすべて、元に戻して1980年当初の授業料に戻すのだ。

当時と現在で消費者物価に大きな違いはないが、国公立大学の授業料は現在の半分から3分の1に近かった。これでも70年代の国公立大学と比べれば高額だが、まずは30年前に戻せば少しは経費支弁者の負担も軽減する。

今の大学の惨状はこれまでの「改革」が引き起こしたにすぎない

この惨状は、ひたすら米国式の教育システムを参考に文科省が進めてきた、大学管理と学生虐めが導いた結果である。国立大学を独立法人化しなければならない理由など、庶民の側からは皆無だったのに、「改革」と謳い文句をつければ、何かしら新しい価値のある政策だと勘違いしてくれるだろうという、役人根性丸出しの間抜けな文科官僚どもが暴走したツケにすぎない。

付言すれば「独立法人化」にとどまらず、実質、国が親元の奨学金の運営団体であった「日本育英会」を始めとする５団体を「日本学生支援機構」に統合したのも愚策の極みといえよう。奨学金給付希望者は増えたのに、無利子の奨学金の枠数はそのままに、「一種」と呼ばれる有利子奨学金の枠だけをひたすら拡大した「罪」も強く弾劾されなければならない。

文科省は「学びたい学生がいかに学べるか」などを模索するといった発想は微塵もなく、大学を自由競争に放り込み、要らぬ口出しはするくせに金は出さないという、性悪根性の政策しか立案しない。無駄もいいところ。「グローバル化」と時代遅れも甚だしく巨額の補助金をちらつかせながら大学に競争を強い、まったく不毛な金をばらまいている。

究極の教育無償化策は「出向・天下り天国」文科省の解体

文科省官僚の「狼藉」も目にあまる。現役官僚のうち２４１名、実に現役職員の10％以上が国公立大学法人に「出向」している。途中退職して私立大学の職員に引き抜かれるものもいるから、文科省の役人にとって大学は「出向・天下り天国」だ。

中学校の先生の大半が過労死ラインを超える残業を毎月強いられているという。先生たちは昔からあんなに忙しかっただろうか。そんなことはない。定年近い中学校教諭に聞いたところ「21世紀に入ってからですね。雑用が増えましたよ。雑用です。生徒の教育と直接関係ない資料作りが一番の負担です」と言われていた。

いかがだろうか。このように見てくると、文科省という役所が、何ひとつ国民に有益な政策や施策を行う能力がない人間の集まりであることが判明する。究極の教育無償化策は、まず「文科省解体」からだろう。

ロースクールの破綻と裁判員制度

「専門職大学院」と文科省が区分する大学院がある。「大学院のうち、学術の理論及び応用を教授研究し、高度の専門性が求められる職業を担うための深い学識及び卓越した能力を培うことを目的とするもの」のことである（学校教育法第99条第2項）。

通常の大学院は学部の上に位置し、研究を主たる目的としているのに対して、「専門職大学院」は「職業」を明確に視野に入れた教育研究がなされる場所ということである。

その範疇に「法科大学院（ロースクール）」がある。法曹界に仕事を求めようとする人（司法試験受験を志す人）が学ぶ場所だ。司法試験の受験は「法科大学院」進学以外にも方法はあるが、現在大多数の受験生は法科大学院を修了した人だ。

全国74校あった法科大学院の35校が閉鎖に

そもそも「法科大学院」が設置された背景には法曹界の「人材不足」があった。あるいは「日本の裁判は時間がかかり過ぎる」という批判も理由とされた。裁判官、検事、弁護士が足らないのだから人数を増やしましょう、ということで旧司法試験を大幅に改編して「司法改革」（裁判員制度の導入）とも併せて各大学は「法科大学院」を競うように設置した。

設置当初はどの大学院も学生募集に関する限り出だしは好調だった。「司法試験が大幅に簡易化される」＝「合格しやすくなる」という安易な誤解がその背景にはあった。

だが、予想外の問題が起きた。スタッフを揃えそれなりの教育をしているのだから「司法試験」にはせめて半数位の合格者は出せるだろう、と考えていた大学院のほとんどが、受験者中2割の合格者すら出せないありさまに陥ってしまったのだ。そうなると「法科大学院出身ながら司法試験には不合格だった者」というマイナスのイメージを背負って仕事を探さなければならない。「潰し」が効きにくくなるのだ。たちまちその情報は法曹界を志望しようとしていた人たちにも伝わり、入学者の急激な減少が始まる。最大時74

あった法科大学院のうち2018年度までに実に35大学院が閉鎖（もしくは募集停止・予定）に追い込まれている。東京大学、慶応大学、早稲田大学なども定員を減らしながらなんとか現状を維持するのに精一杯というのが実情だ。

遠からず破綻するロースクール制度

法科大学院の地盤沈下は、元はと言えば明らかな国策の誤りだ。もちろんそれにホイホイと乗ってしまった各大学の軽薄さも情けなくはあるが、法曹関係者の人材不足だけがこの国の法曹界の問題ではなかったということだ。確かに弁護士不足は（数字上では）解消された。いや、むしろ弁護士の中には仕事にありつけない人が少なからずいる。かつては弁護士になればよほどの無能でない限り、食べていくことに困ることはなかった。だが、現在は年収200万円を得ることができない弁護士が山ほどいる。

一方で「過払い金の取り戻し」を専門に派手に広告を打つ弁護士事務所はボロ儲けしている。いつの世でもあざとい奴は食いはぐれない。法科大学院が実質的に「破綻」に陥り、法務省は今後も司法試験合格者数の抑制を打ち出す方向にある。なんとも場当たり的な対応だ。

大学院は一般的に学部よりも学費が安い。が、専門職大学院は例外だ。入学金を含めると年額200万円を超えるところもある。国立でも年間100万円近くの学費がかかる。これだけでも経済的負担は推して知るべしだ。合格可能性の少ない司法試験を目指すための先行投資としてはあまりにも高額過ぎる。当然志願者も減る。そこで今、法科大学院でなり振り構わない「割引競争」が始まっている。もとより自前の奨学金制度を持っている大学院は別だが、学費の割引を売り物にしている法科大学院は、「志願者が寄りつかない」学校と考えてよい。遠からず潰れる。

「市民感覚」で採決をくだす「裁判員裁判」の恐ろしさ

不思議なのは、法科大学院と直結はしないものの「裁判員」制度が日本弁護士連合会も同意する中で導入されたことだ。裁判員に選考されて人を裁こうと裁判所に出かけるのは「国民の義務」らしいけれども、私は同意しない。どうして法律の素人が凶悪犯罪に限り判断をくだすことができるというのか。裁判に臨む前に裁判員は報道や噂などから完全に隔絶されていて「ニュートラル」な考えの人ばかりであろうか。たった数日の法廷で被告人の量刑を決める。そんな知識や見識のようなものを裁判員が持ち合わせているだろうか。弁護士、検事、裁判官は皆、何年も法律を勉強し、司法試験に合格し、司法修習生を経て法廷でそれぞれの役割の仕事をしている。そんな学習を一切していない市民の「市民感覚」を参考にする必要なんてあるのか。この質問を「良心的」とされる元裁判官の方々にぶつけてみた。その回答は「司法と庶民の間が近くなったので、一定の効果はあったと思う。刑事事件を担当する裁判官は被告人＝有罪との刷り込みが激しい。事実そうなのだが、そのような思考は万が一の冤罪を助長しかねない。そこに庶民の感覚が入ってくると、誰にでも理解できる説明をしなければならなくなり、裁判官の思考が劇的に変化する。これは私自身が経験したことだ」と語ってくださった。なるほど、裁判官の立場で自省的な方にとって、「裁判員裁判」は一定の効果はあるようだ。

だが、裁判員裁判に引きずり出される庶民が、どのようなことに対峙しなければならないか、向き合わされるか、この視点がこの回答には欠落している。場合によっては被告人に「死刑」を言い渡す判決の一端を担わされることもある、この制度は裁判官にとっての「庶民性回復効果」があったとしても、そこに参加させられる裁判員が負わされる負荷についての思索がまったくうかがわれない。

批判を恐れずに無茶を言う。裁判員として法廷で被告人を裁くに躊躇のない人は、法に無知であるか、心の中にサディスティックな因子を持っている人が多数だ。

裁判員を務めたけれども、あまりも激烈な内容に心を病み、生活に支障を来たすまでになった方が、国家賠償（国賠）を求める裁判が2013年、提訴された（後に棄却）。この方以外にも裁判員を軽い気持ちで引き受けてしまったものの、後悔をしている方は少なくないだろう。法科大学院と同様、裁判員裁判もこれから問題が噴出してくるだろう。

第4章

いま一度「大学の価値」を考えてみよう

大学生は「大人」なのだから

「一般教育」の消失――カリキュラムを組む自由度は増したものの……

大学で学んだ50代以上の方にはご記憶があろうが、かつて大学の講義は「一般教養」と「専門科目」に分かれていた。90年代に文部省が「一般教育の大綱化」を打ち出して以来「一般教育」という概念は実質上消え去り、カリキュラムを組む自由度が増した。また講義は通年（前記後期）受講し4単位を得るのが一般的だったが、現在はほとんどの大学が半期で15回の講義を実施し2単位を与えるという形（セメスター制）に変化している。

通年講義が一般的だった時代には「科目変更」を認める大学は稀だったが、今では半期間の講義であっても一度講義に出て、気に入らなければ科目を変更できる「履修変更期間」を設けている大学が多い。学生には履修登録に際して一度は変更可能なので「気楽に」履修登録をすることができるようになったというメリットがあるが、既に定着したとはいえ大学職員にすれば4月当初の忙しい時期に面倒臭い仕事が増えている。

私は、気に入らない科目であろうがわずか半期のことであるし、一度履修登録をすればそれを我慢しながら聴くほうが学生にとっては勉強になるのではないかと考え、職員時代に「履修変更期間」反対の議論をしたことがあるが、もう「履修変更」は学生にとって当たり前の権利のようになっている。

学生の成績を保証人に知らせるのは、大学側のリスク回避策

さらに、学費支弁者（多くの場合は保護者）へ学生の成績を知らせることも普通に行われるようになった。学んでいるのは学生だけれども、学費を出しているのは「学費支弁者」なのだから、学生の成績を伝えておくのが「お客様」へのサービスというわけだ。

確かに下宿をしている学生がろくすっぽ単位を取れずに4年生を迎えてしまい、「学費支弁者」が卒業間近になりその惨状を知るところとなり、親子や大学も巻き込んで「一体何してたんだ！　お前は！」と騒ぎが起こることは年中行事なので、あらかじめ学生の単位習得状況を「学費支弁者」に伝えておくのはまったく無意味ではないだろう。

だが、成績を親に知らせたからといって成績不良の学生が激減したわけではない。大学が学生の「成績」を「学費支弁者」に知らせるのは、後々大学への苦情が持ち込まれることを回避するための「予防線」の意味合いがむしろ大きいのだ。

「履修変更期間」の設置や「学費支弁者への成績連絡」を時代の趨勢と語る向きは多いが、大学生を「大人」扱いせず、無駄な事務作業を増やしているだけのように私には感じられる。

大学の「自由」「自治」とは

「大学の自治」あるいは「学問の自治」という概念がある。

若い読者にはその意味するところすらあやふやかもしれないので、簡単に説明しておこう。「大学の自治」とは、学問研究を行う大学は政治、行政権力や経済界からの干渉や抑圧を受けずに自立的に運営されるべきだから、少々の問題が学内で発生しても、その対応を警察や学外機関に委ねるのではなく、大学が自らの責任と決断を持って解決にあたるべき。また産業界や経済界は大学における研究をなるべく早く収益に直結させたい、との思惑があるから産業界、経済界の人間や企業をやたらに学内に取り込んではならないという考え方だ（細部には様々な異論があるかもしれないが大筋こんな考え方だろう）。「学問の自治」とは、学問研究は特定の企業や団体の利害と結びついてはならず、その成果は広く社会に還元されるべきだとも解釈される。

「大学の自治」は当然、「学生の自治」に結びつき、大学の運営は教職員だけでなく、最大の受益者たる学生もその一端を担う権利があり、学生は学生独自の視点から大学に物を申す、あるいは学生活動に大学当局の不当な介入は認めないという考え方が導かれる。

これら「大学の自治」や「学問の自治」が重要な概念として認識されたのは、太平洋戦争で日本が敗戦して以降である。戦争中に大学も様々な形で帝国主義に加担を強制されてきたことへの反省として、これらの概念は、高等教育研究機関としての大学、教員また学生にも共有される。大学が保持する基本的性格として戦後数十年、「大学の自治」は自明の概念として社会的にも認知されてきた。

管理強化で消えゆく「立て看板」文化

ところが今日、それらの概念は基礎から揺らいでいる。とりわけ「学生の自治」は風前の灯だ。大学だけでなく社会を見渡せば「労働組合」組織率も下がり、かつ「連合」などは労働貴族が仕切る「総御用組合化」している現象との連動なのだろうが、学内において学生に許される表現の自由の領域はどんどん狭くなっている。

「立て看板」はクラブ、サークルの部員勧誘や催し物の告知に一般的に使われる道具であるが、今日多くの大学では大学が決めた場所に大学が準備した規格（定型的な大きさ）を利用しての立て看板しか認めていない。しかも申し込み制となっており、大学によっては大学公認団体にしか利用を認めないケースもある。

かつて「立て看板」と言えば、その大きさや字体、設置場所などを工夫することにより、よりインパクトのある伝達媒体に仕上げようとする、学生の「表現活動」の感があったが、規格枠にそれが限定された時点で表現は大きく制約を受ける。

まだ比較的学風が自由とされる京都大学では昔ながらの手作り立て看板が見受けられるが、それを規制しようと京大当局が弾圧を強めていることは前述した。首都圏、関西の大学でそれを許容しているのはごく限られた数の大学でしかない。さらに、ビラ配りにも細かい制約を設けられつつある。前述の通り新入生のクラブ活動への勧誘や、講演会・学習会などの宣伝で学生が学内（もしくは大学の敷地近隣）でビラ配りをする場合は、事前に大学に届けが必要としている大学もある。

また、チラシポスターなどを学内に貼り出そうとする場合は事前に許可のスタンプをもらい、これまた決まった場所へしか貼ることができない。そんな大学はキャンパスを訪れると、確かに表面上の景観は整っているが、果たしてここで学生が有機的な活動をしているのかどうか、薄気味悪くなるくらいに無表情だ。

ビラに「許可印」など不要

かつて私が大学職員だった時、学内に貼るビラに「許可印」を押す部署に配属されていたことがある。「許可印」といっても形式的な作業で、学生がビラを持ってくれば、内容のいかんにかかわらず、すべてのビラに許可印を押すことになっていた。

学内には一応ビラを貼るスペースは設けられていたが、学生はそんなものはお構いなく、校舎の壁や廊下に好き放題ビラを貼っていた。個人的にはそのような情景のほうが大学の雰囲気として私は好きだった。そしてある時、考えた。無条件に許可印を押すのであれば意味はないから、いっそ許可印自体を廃止してしまえばいいのではないか、と。

職場の先輩や同僚の理解も得られ、許可印は廃止することとなった。ただし、学生には一定期間が経過した後のビラは貼った者が責任をもって処分することを求めた。そのように運用を変更してからさしたる問題は発生しなかった。

付随的に無数のビラに紛れて学外の業者や宗教団体、怪しげな旅行の勧誘などが貼られるので、週に一度程度は学内のビラを見て回ることが新たな業務となった。学外の怪しいビラは無条件に剥がす。学生のビラは様々なので真に課外活動の実態を知る一助にもなる。

大学職員は「官憲」ではない！

昨年、ある問題で大学生に「どうやって意見を訴えたらいいのか」と相談を受けた時の話だ。「立て看板やビラやマイクを使って、昼休みに話すなどしたら」と私が提案したら、「全部、許可制だから個人では難しいんです」とその学生が答えたので驚いた。大学はくだらない管理強化ばかりに熱心なようだが、学生の「表現の自由」に時には思いを巡らしてみるべきだ。大学職員は「官憲」ではないのだから。

そして、そもそも「管理強化」は行きつくところ、大学の首を絞めることに早く気がつかなければならない。優秀な研究や発見は自由な発想なしには生まれない。このことに異議を持つ人は少ないだろう。大学受験勉強ではないのだから、人並み外れた発想力と着想力がなければ「新たな」何かは生まれない。大学が教育機関であると同時に研究機関であり続けようとすれば、「自由」は最低必要条件だ。

大学の管理強化が進行した21世紀に入って、日本の大学の国際競争力は低下の一途をたどっている。論文引用数もかつての世界第4位から第10位（２０１７年）へと低下した。理由は簡単だ。何度も述べてきた通り、文科省を中心とするこの国の文教政策、とりわけ大学に関する諸政策の失策が結果として早くも表出してきたのである。文科省はある時期から補助金を「選択と集中」の原理で分配すると表明した。「選択と集中」はGE（General Electric）社が長年投資の際に表明してきた原則だ。GEは航空機のエンジンや原子力発電所など大規模な機械や構造物を主として生産する企業である。

学問の世界に製造業の投資原則を持ち込むことが、文字通り「場違い」であり、災禍を招くのかは、今後ますます明らかになってゆくだろう。

あとがき

本書は2014年から2017年の間、「デジタル鹿砦社通信」に掲載した記事に一部加筆・修正を加えて構成しました。たった3年間ですが、安倍政権下の日本社会が「集団的自衛権の容認」「武器輸出三原則の放棄」「安保法制」「共謀罪」成立などきな臭い方向に進むのと軌を一にして、「大学」も本来の存在意義を忘却してしまっているのではないか、と感じる事柄が連続しました。

もとより、文科省の「朝令暮改」は、ある意味では一貫した姿勢で、かつてはそれに抗う「大学」（大学経営者、教職員、学生）が一定数存在していましたが、現在では濁流に飲み込まれるがごとく「大学」はひっそりしているように見えます。このような状態が、健全であるとは到底言いがたい、と筆者は感じています。

本文の中でも紹介しましたが「大学の自由」は教育・研究を進める上でも必要最低条件です。自由が制限された「大学」から、新たな発見や思想が生まれてくることはかなり困難なことです。歴史的に見れば瞬間にしか価値を持たない「企業」に貢献したり、「時代の要請に沿った」人材の育成などは本来「大学」の存在意義とはかけ離れたものです。そして最大の問題は「自由」を失った（失いつつある）当の「大学」がその深刻さに気がついていないことです。

「大学」を取り巻く環境が厳しいことは事実です。そんな時代だからこそ、独自の創意と智慧で「自由闊達」な学問を探求し、研究できる「大学」が求められているのではないでしょうか。厳しい時代には、同時にチャンスも潜んでいるのですから。大学関係者の奮起を期待します。

（本文中、敬称略）

田所敏夫（たどころ・としお）
兵庫県生まれ、会社員、約20年の大学職員を経て現在は著述業。大手メディアの追求しないテーマを追い、アジアを始めとする国際問題、教育問題などに関心を持つ。

大暗黒時代の大学
消える大学自治と学問の自由

2018年3月1日初版第1刷発行

著　者—田所敏夫
発行者—松岡利康
発行所—株式会社鹿砦社（ろくさいしゃ）
●本社／関西編集室
兵庫県西宮市甲子園八番町2-1 ヨシダビル301号 〒663-8178
Tel. 0798-49-5302 Fax. 0798-49-5309
●東京編集室／営業部
東京都千代田区神田三崎町3-3-3 太陽ビル701号 〒101-0061
Tel. 03-3238-7530 Fax. 03-6231-5566
URL http://www.rokusaisha.com/
E-mail 営業部○ sales@rokusaisha.com
編集部○ editorial@rokusaisha.com

装　幀　鹿砦社デザイン室
印刷所　吉原印刷株式会社
製本所　鶴亀製本株式会社

Printed in Japan ISBN978-4-8463-1226-8 C0095
落丁、乱丁はお取り替えいたします。お手数ですが、弊社までご連絡ください。